如何交到好朋友

青少年建立并维持友谊的技巧

[美] 詹姆斯·J. 克里斯特（James J. Crist）著

托德老师 董一诺 译

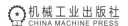

机械工业出版社

CHINA MACHINE PRESS

北京市版权局著作权合同登记　图字：01-2024-0582号。

图书在版编目（CIP）数据

如何交到好朋友：青少年建立并维持友谊的技巧 / （美）詹姆斯·J.克里斯特（James J. Crist）著；托德老师，董一诺译. -- 北京：机械工业出版社，2024. 8 （2025.3重印）.
ISBN 978-7-111-76303-1

Ⅰ. C912.11-49

中国国家版本馆CIP数据核字第202432EF23号

机械工业出版社（北京市百万庄大街22号　邮政编码100037）
策划编辑：刘文蕾　　　　　　责任编辑：刘文蕾　陈　伟
责任校对：贾海霞　王　延　　责任印制：任维东
北京瑞禾彩色印刷有限公司印刷
2025年3月第1版第3次印刷
145mm×210mm·5.125印张·89千字
标准书号：ISBN 978-7-111-76303-1
定价：59.80元

电话服务　　　　　　　　　　网络服务
客服电话：010-88361066　　机　工　官　网：www.cmpbook.com
　　　　　010-88379833　　机　工　官　博：weibo.com/cmp1952
　　　　　010-68326294　　金　书　网：www.golden-book.com
封底无防伪标均为盗版　机工教育服务网：www.cmpedu.com

我将这本书献给过去 20 年里我所接触过的所有儿童和青少年，他们在结交朋友和维持友谊时遇到了挑战，他们是这本书的一切灵感来源。拥有朋友是生活中的乐事之一，我希望通过写这本书能帮助更多的孩子。

致　谢

　　我想感谢我的父母，他们非常支持我，明白朋友对我来说有多重要，即使这意味着我一次又一次地借用他们的汽车去见朋友！

　　我也要感谢卡特·费灵顿，是他给了我写这本书的想法。

　　我还想感谢我的侄女基拉·克里斯特，她对本书手稿的初步审阅以及她提出的一些极好的建议让本书内容更优化。

　　最后，我想感谢我的编辑埃里克·布劳恩，他总能让我写作的内容更加适合儿童阅读，同时感谢所有继续相信并支持我的出版社工作人员。

译者序一

最近两年，我和很多心理学同行都有一个共同的感受——儿童与青少年心理咨询的需求大幅度地增加了。像我这样有多年咨询经验且精力还算充沛的心理咨询师，都开始感到力不从心——即便是我 24 小时不停休地帮助孩子们，都没有办法满足所有人的需求，更何况我还做不到花这么多的时间在咨询工作上。所以，刚收到翻译这本书的邀请时，我的内心是拒绝的，感觉自己真的挤不出额外的时间来做这件事情了。

但是，当我打开这本书的目录，并且认真阅读它的时候，我的想法改变了。没想到，我竟一口气从第一章读到了最后一章，每一章的内容都能让我想起咨询过程中那些孩子们关于交友的困惑。这些困惑是真的在深刻地影响着他们的心理健康，甚至成为导致一些孩子抑郁的主要原因。再回想我们的学校教育，有语文、数学、科学、艺术和体育等科目，但就是没有一门课是专门教孩子"如何交朋友，以及如何维持友谊"的！这本书简直完美地补充了这一教育内容的短板，是一本真实好用的"友情教育"手册。

阿德勒曾说："人的快乐和痛苦都来自于关系！"这也意味着，人际关系是孩子幸福感的重要源泉。小时候，对于孩子来说，最重要的关系是和父母之间的依恋关系；而等到进入了小学和中学，他们人生中最重要的关系就转变成了与朋友间的同伴关系。一旦孩子们拥有了健康的友谊，哪怕他们承受着繁重的学业负担，也不会感到心理枯竭、无法应对。相反，如果在这段时光里他们没有建立稳固而健康的同伴关系，那上学的日子将会非常难熬！毕竟在应试教育中，还是充满了大量枯燥的练习。如果没有友情作为生活的润滑剂，很难保证大部分孩子都能单纯地从学习中获得足够的快乐。

这样看来，这本书可以说是每一位中小学生的必读书目之一。它从如何找到合适的朋友、怎样认识新朋友，讲到怎么找到共同兴趣、与朋友保持有趣的沟通。更重要的是，这本书用大量的篇幅在教孩子们如何应对朋友之间的冲突、矛盾，甚至欺凌。它鼓励每一个孩子都成为那种"超级朋友"——既可以给朋友带来快乐，也可以在群体中主持正义，给其他人带来安全感。这些都是打动我这个心理学科普人的闪光点！

当前，每个学校都在强调儿童、青少年的心理健康工作。除了在出现问题后再去干预外，更好的方法就是做好提前的科普和预防。关于如何处理好友谊中的问题，不夸张地说，应该是心理健康教育里面最重要的话题之一了！如果可能的话，我希望每所学校都能开设一门"儿童与青少年交友课"，并且以这本书为教材。在孩子们还小的时候，就引导他们建立属于自己的友情。这会让每一个孩子更快乐，在学校表现得更好，长大后在工作上更成功，心理更健康，活得更久，更懂得如何去爱……（还有很多很多好处）。

　　我自己就成长在一个没有手机、更难玩到电子游戏、电视节目也不那么丰富的年代。但回忆我的童年时代，都是满满的快乐。究其原因，就是我们当时真的拥有很多好朋友！愿如今的孩子，也能和我一样，在真实的世界中感受到友情带来的快乐和慰藉！

译者　托德老师

译者序二

在翻译这本关于如何培养孩子交友能力的图书时，我两个不同年龄的女儿正好都面临着"交朋友的烦恼"，而且她们各有各的烦恼。

我的大女儿正在读小学六年级，她从一年级开始就与两个同学形影不离，她们是名副其实的"铁三角"。但最近这一年来，不知道为什么，三个女孩子之间总弥漫着"硝烟"。大部分情况是另外两个女孩出现了矛盾、拌嘴，作为她们共同的好朋友，我大女儿不知道如何处理才好，似乎亲近哪一方都会引起另一方的不满，于是她选择了再找其他的同学玩，结果却同时得罪了两个人。有一天，我大女儿在无意中得知其中一个朋友在背后说她的坏话，这让她非常苦恼。

如果说我的大女儿面临的是朋友太多的烦恼，那我刚上一年级的小女儿，则面临的是"如何交上朋友"的苦恼。学校组织春游，我给她装了满满一书包小零食，以姐姐的经验，春游、运动会都是同学之间进行分享的最佳时间。姐姐从小就是很受欢迎的孩子，往往是背出去满满一书包零食又换回来满满一书包，但妹妹带去的零食大部分原封不动地背了回来。我问她为什么不分享给同学们，她小声嘟囔着说因为没有人想要。姐姐在旁边笑出了声："还会有小孩不要棒棒糖？"

这些情景让我不得不更深入地思考友谊的意义和孩子们在其中所面临的挑战。作为一名心理工作者，我们深知"社交"对青少年的影响。友谊不仅仅是一种关系，更是一种能力，一种需要被教导和培养的能力。然而，大多数家长往往忽视了孩子们在社交中所遭遇的压力和困惑。我曾接待过一个严重抑郁的孩子，通过很久的沟通，他才终于说："我在学校交不到朋友。"但孩子妈妈知道后，很不以为然："那有什么关系呢？你去学校是为了学习，又不是去交朋友的。"实际上，对于孩子们，特别是对于进入青春期逐渐需要同伴认同的孩子们而言，是否有朋友直接关系到他们的心理健康和情感成长。

因此，这本书不仅仅是引导家长认识到友谊对孩子成长重要性的指南，更珍贵的是，它用浅显易懂的方式向孩子介绍了如何建立和维护人际关系的实用技巧，具体到各种情况，告诉孩子该如何说、如何做，在每一章的末尾还提供了快速检测方法以判断孩子是否已经掌握。

　　无论是作为母亲还是作为心理工作者，我都很庆幸自己有机会翻译这本书，让我能第一时间原汁原味地感受到原来我们可以更系统、更直接地把"做一个受欢迎的人"这件事变成一种训练而非"玄学"。

　　现在，我希望跨越语言的障碍把这本书介绍给更多像我一样需要帮助的父母与老师，希望每一个孩子都能够在友情的温暖中找到依靠和支持，拥有一个快乐、健康的童年和一段难忘的青春时光。

译者　董一诺

引　言

你最喜欢做的几件事是什么？你喜欢骑自行车吗？上网？玩拼图？与玩具人偶（变形金刚）玩游戏？你对远足、游泳或唱歌这样的活动感兴趣吗？还是你喜欢吃着爆米花看搞笑电影，笑到流眼泪？

无论你喜欢做什么，很可能与朋友一起做会更有趣。

想想看，玩棋类游戏、视频游戏、上学、运动、听音乐、参加夏令营、烹饪、捉迷藏、讲笑话、自驾旅行、短途地铁旅行、看电视、做家务以及吃必胜客……如果你能与朋友共享这些活动，它们可能会更令你感到满足！

而且朋友不仅仅可以增加你玩耍时的快乐，朋友还可以在你感到低落时支持你；朋友可以提醒你的天赋在哪里，并帮助你在其他方面也变得更好；朋友会相互帮助，为对方挺身而出，彼此倾听；朋友可以一起玩耍、一起交谈，甚至只是一起闲坐，什么也不做。当然，有时朋友之间也会吵架——但之后双方会和好如初，彼此的友谊有机会变得比以往任何时候都更牢固。

有些孩子觉得结交朋友和建立友谊是一件很自然的事儿；

有的孩子开始的时候可能会害羞，而一旦他们认识了某人，就会表现得很友好；还有一些孩子在社交情境中感到不舒服，也许他们只是还没有学会交朋友的最佳方式，所以他们内心对交朋友这件事充满了困惑！

那你呢？结交朋友、保持友谊和成为一个人的好朋友对你来说容易吗？回答以下问题，可以获得一些交友能力的反馈。

关于友谊的小测试

这是一个关于友谊的小测试，帮助你了解自己在交友方面的能力。针对每个问题，请根据你的感受选择"绝对是"（1分）、"有时候"（2分）或"几乎不是"（3分），并在纸上记录你的答案和得分。

（1= 绝对是；2= 有时候；3= 几乎不是。）

1. 对我来说，走向一个我不认识的人并开始交谈很容易。
2. 我认为我在交朋友方面做得很好。
3. 我通常能和朋友保持长久的关系。
4. 当我不小心伤害了朋友的感情时，我知道如何诚恳道歉，并且真的会这么去做。
5. 当朋友之间出现问题（不愉快）时，我知道如何处理。
6. 很多人好像都想成为我的朋友。
7. 我有一个"最好的朋友"，我们相处得很好。
8. 我经常被邀请到朋友家中，我也会邀请他们到我家。
9. 当我和朋友们玩游戏时，我能公平竞争，输赢不气馁。

10. 如果我的朋友遇到麻烦，我能为他 / 她挺身而出。

完成测试后，根据各题的分数，你可以了解自己在交友方面的强项和需要改进的地方。

计算你的总分。如果你的分数在 10~15 分之间，恭喜你！你是一个自信的交友高手，拥有强大的友谊技能。继续阅读，学习如何进一步提升你的技能，并将它们提升到一个新的水平。

如果你得了 16 分或更多，别担心。你的友谊技能还有提升的空间，而且大多数人都处于这种情况。注意，我之所以把它们称为"友谊技能"，因为这是可以通过练习来提高的一项能力！就像滑雪、游泳、骑自行车、写作、玩电子游戏、跳舞和学业考试一样，都可以通过练习变得更加厉害。虽说，有些人天生就擅长社交，有些人看起来就像糖果一样能吸引其他孩子，但即便是那些交友轻松的人也需要练习。每个人都可以进步。

作为一名心理学家，我的工作目标就是和孩子们在一起，帮助他们找到生活更快乐、更健康的方法。对于很多孩子来说，提高他们的社交技能就能实现这个目标。这就是我写这本书的原因。我知道友谊有多重要，也知道有时它会有多难。你将在这本书中学到的技能，就是我在工作中教给孩子们的一些技能。

我写这本书还有另一个原因：我小时候很害羞，因为我没有勇气，也可以说我没有办法加入其他孩子的游戏，我错过了一些结交朋友的好机会。我总是在想：如果他们不喜欢我怎么办？嘲笑我呢？如果我们相处不来怎么办？我也不知道如何解决和朋友之间的问题。但随着我长大，我学会了很多交朋友的技能。我意识到我不能再错过了，所以我发展了我的友谊技能并进行了反复练习。现在，我也有了很多好朋友。虽然，我遇到新朋友时仍然会感到害羞。

或许你想拥有更多的朋友，而且需要别人帮你去认识新的朋友；或许你对自己拥有的朋友数量感到满意，但需要一些方法让自己与朋友们相处得更愉快，并且学会解决彼此的争执；又或许，虽然你对朋友感到相当满意，但有时你却会感到被排斥、孤独或困惑……

这本书可以帮助你应对上面所说的这些情况，甚至更多。你可以学到如何找到合适的人交朋友、成为更好的朋友、解决争吵和理解彼此；你还可以学到当大家聚在一起的时候应该如何表现，学会公平竞赛的重要性，以及如何能让自己珍惜的友谊持续很多年；你还将学到当友谊走到尽头——到了该说"再见"的时候，如何去结束友谊（这很悲伤，但有时"分手"对每个人来说都是最好的选择）。

最后一章是围绕着"超级朋友"展开的。"超级朋友"是一个能够结交不同社交圈子的人。他／她可以将不同的朋友聚集在一起，反对欺凌，帮助其他孩子并且还能让其他人感到快乐。这样的朋友就是孩子们的领袖，而且每个人都有机会成为这样的"超级朋友"。

你可以随时随地翻阅任何一章，尤其是当你需要一些具体指导的时候。例如，如果你和一个朋友发生争执，而你似乎无法解决，请直接翻阅第七章。当然，为了更好地理解关于友谊的话题，请你从第一章开始阅读直到最后。

每章开头都会有一则"你会怎么做？"的小故事，讲述孩子们在友谊中遇到的某种困难，不过这些故事没有结局。相反，它们会以一个问题结束：你会怎么做？在你读完每个章节后，你将有机会重新参与这个故事，并创造你自己的结局。

为了帮助你学习每一章中的所有技能和提示，你还会发现一些其他的特色内容：

* 试一试！
  这个版块有点像家庭作业，它们是你可以做的小事情，用来练习你所学到的技能。
* 真实孩子的案例。
  这些是我在工作中接触到的孩子们的友谊故事，分享给大家作为参考。
* 快速测验。
  在每章的末尾，做一个简短的测验，看看你学到了什么。

我想知道我的书是如何帮助到你的。我很乐意听听你在与朋友相处时遇到的挑战和解决的方法。你可以通过电子邮件 help4kids@freespirit.com 联系我。

注意：本书的内容适用于所有孩子，不分性别。

目 录

第八章 当友谊结束时

第九章 成为你能做到的最佳朋友

01

第一章
朋友有什么
大不了的?

　　10 岁的德文放学后，拿着他的游戏卡片独自玩耍。他认为学校里的孩子们都是欺凌者。他想："我很好，我不需要朋友。"他认为跟他们玩无论如何都不会有好结果，那为什么还要尝试呢? 但过了一会儿，他看到其他孩子们在玩捉迷藏，笑着开玩笑。他试图说服自己不在乎，但内心深处，他是在乎的。一直独自玩耍其实是一件很难的事。

你会怎么做？

德文看起来相当不开心。如果你是他，你会怎么做？在阅读这一章时，你可能会有一些新想法。在本章结束时，你将有机会重新审视德文的故事，并为它编写一个结局。

人类是社会性动物，拥有爱交朋友的天性。这意味着我们天生就有和别人交往的需求——去认识彼此并建立关系。自从人类出现在地球上，我们就生活在集体当中。我们互相照顾，互相陪伴，相互爱护。

从我们出生的那一刻起，至少在某些时候，我们的天性就是通过和其他人在一起获得快乐。我们可以从家庭中获得一部分陪伴，但我们也需要与我们的朋友建立重要的联系。

什么是朋友？

我们每个人在朋友身上找到的东西都不同，下面列出的是很多孩子最看重的东西。当然，你也许还能想到其他的内容来补充这个列表。

朋友是你可以与之一起做事的人：

- 玩耍

- 闲逛

- 探索

- 讲故事

- 分享重要消息

- 笑

- 哭

- 一起学习新事物

朋友也是你可以：

- 从他那里学到新事物的人

- 在你遇到问题时依靠的人

- 在你遇到问题时给予你支持的人

朋友不仅仅是有趣的、有帮助的和可靠的，他们对你还有很多实质性的好处！拥有朋友的人可能：

- 更快乐

- 在学校表现更好

- 长大后在工作上更成功

- 更健康

- 活得更久

是的——活得更久！难以相信？但这是真的。

朋友还有什么好处?

很多很多。

朋友会帮助你学会处理自己的感情。你和朋友可能会有不同意见、发生争论或者感情受伤甚至犯错时彼此道歉，这都是正常的。朋友们也必须学会分享、轮流、合作和妥协。当你成功地学会这些事情时，你就在成长。你正在学习如何在世界上与其他人相处。如果你现在可以学会如何与人相处，这将会让你在未来获得更多快乐。

当你结交朋友和维护你的人际关系时，你会与他人比较，你会看到别人对你的看法，并通过这种方式了解"我是怎样的一个人"。也许你认为自己不是很聪明，但一个朋友会觉得你能拆东西并修理它们的能力很强。如此以来，你可能也会开始觉得自己是一个"聪明的人"。或者你可能在应该听讲或认真工作时经常开玩笑。你的朋友喜欢你的幽默感，但他们要求你在需要专注的时候保持安静。在人际关系中，你会持续学习如何在不同的情况下做出不同的选择。

学会如何与人相处大有裨益。例如，你可能学业成绩很好，但如果你不能与老师和谐相处，那么上学对你来说会变得很难熬。如果你容易失去冷静，大喊大叫，忘记了你正在伤害别人的感情，你甚至可能会遇到大麻烦。

当你长大后，朋友依然很重要。你会希望拥有这样的朋友——在你需要时能帮助你、开车载你去想去的地方、陪你去看电影、庆祝你的生日、和你一起打篮球，或者只是和对方聊聊天就很开心。而且，学会与人相处在你长大后工作时也同样重要。

交朋友需要什么？

你已经知道，人类是喜欢父朋友的动物，而交朋友需要社交技能。有很多专门的能力和相处技巧可以帮助我们交到好朋友。

就像演奏乐器、投篮或在考试中获得高分等技能一样，社交技能也是可以学习的。你不能期望一夜之间就拥有超强的社交技能——你需要练习。你练习得越多，你的社交技能就会变得越强大。

友谊也需要一种"自我审视"的能力。如果你在友谊中遇到困难，问问自己"为什么"。这可能很难。它需要勇气，但这是值得的，要相信自己——你可以做到。当然，也要对自己诚实。也许你很害羞或者你的社交技能还不强；也许你有时候会用一种别人不喜欢的方式去与对方相处；也许你会表现得粗鲁、专横或者刻薄。有些孩子可能做不到公平竞争，或者他们不会分享、不懂得轮流。一些孩子对其他孩子过于粗暴，甚至会攻击别人。你是不是偶尔也这样？

如果你不确定你的问题出在哪里，问一位你信任的人。这个人可能是你的父母、老师、心理咨询师或朋友。虚心地听取对方给你的意见和建议。当然，听到直言不讳的建议可能会让你有些难过，但这是重要的第一步。

你可能还在思考，你想要什么样的友谊。一些孩子喜欢拥有很多朋友，他们非常热爱社交，喜欢和各种不同的人一起出去玩，另一些孩子则更喜欢只有几个亲密的朋友；一些孩子有一个最好的朋友，另一些孩子则没有最好的朋友；一些孩子讨厌独处，总喜欢和其他孩子一起，另一些孩子则需要"独处时间"来充电，他们不那么频繁地和朋友出去玩。所有这些偏好都是正常的，想想你的偏好是什么。

> "拥有一个朋友圈是好事，但如果圈子太大，你可能会感到被排斥。我认为拥有 4~5 个朋友的小圈子是最好的。"
>
> ——12 岁女孩

你会怎么做？

还记得本章开篇提到的德文吗？那个害怕和学校里其他孩子一起玩的孩子。他告诉自己不需要朋友，他告诉自己没有朋友也能过得很好。

在这一章中，你了解到"朋友为什么重要"，朋友可以以多种方式帮助自己，建立友谊是成长的一个重要方式。你还了解到，并不是每个人天生就擅长交朋友——但每个人都可以通过努力变得更乐意交朋友。

那么，如果你是德文，你会怎么做？

你可能猜到了，如果德文有勇气和其他孩子说话，他会更快乐。请编写一些他可以说的话，帮助他做到这一点。

快速测验

通过这个简短的测验来看看你读完这一章学到了多少。如果你愿意，可以在一张纸上写下你的答案。

请你根据下列情况做出判断，并在每个语句后打"√"或者"×"。

1. 通过交朋友，你可以更多地了解自己。

2. 拥有朋友的人有可能活得更久。

3. 即使是那些不会交朋友的孩子也可以变得很擅长交朋友。

4. 询问他人你是不是有一些损害友谊的行为，这样做是有帮助的。

5. 真正的社交技能只能通过玩在线社交游戏获得。

让我们看看你的表现如何。

前 4 个问题的答案是对的，第 5 个问题的答案当然是错的!

True or False?

第二章
结交新朋友的
10 个步骤

　　12 岁的萨莎每天中午都独自用餐。她想和班上的其他女孩一起吃饭，但所有的座位都被占了，也没有人邀请她加入。过了一会儿，她终于鼓起勇气走向其中一张桌子，但那里的每个人都在交谈和笑闹，即使有一个座位是空的，她也害怕打断他们，不敢询问自己是否可以坐在那里。她就这样站在那里，其他孩子也开始盯着她看。萨莎感觉很尴尬，不知道该怎么办。

？

你会怎么做？

你认为萨莎应该等其他人邀请她坐下吗？她应该问其他人她是否可以加入他们吗？她应该直接坐下吗？还是应该放弃、走开？我们稍后会在本章末尾回顾萨莎的故事——看看你在继续阅读时是否有了新的想法。

结交朋友很像你生活中的其他目标一样，把它分解成更小的部分或步骤将会有所帮助。本章将向你展示如何自信地去认识新朋友。

步骤 1：到"对的地方"去找朋友

结交新朋友的第一步是弄清楚你在哪里可以找到他们。看看你周围！你可以在你的教室里、在你的社区中、在你的运动队里、在你的兴趣班上、在游乐场上——任何有其他孩子在的地方结交到新朋友。你父母的朋友也可能有和你年龄差不多的孩子。你可以请你的父母安排一次聚会。这些都是可能遇见与你兴趣相投的孩子的绝佳方式。

学年开始之初或一个俱乐部、团队或其他小组的前几次
会议是结交新朋友的好时机。因为不是每个人在那时都相互
认识，所以大家都会更愿意认识新朋友。

试一试！

观察那些对交朋友特别在行的孩子们。有些孩子似乎天
生就有交友的天赋——他们就是离不开社交。也许他们很幽
默、健谈、擅长运动，或者就是非常友好。通过观察这些孩
子，你可能会得到一些社交的好点子。

注意观察：

- 他们如何与别人打招呼
- 他们谈论什么
- 他们如何处理问题
- 他们如何回应其他孩子的话
- 他们和别人交谈的频率
- 他们微笑的频率

在观察他们时，思考你可以从他们的举止中学到什么。
你不需要完全复制他们的行为，但你可能会获得一些适合自
己的交友灵感。

步骤 2：寻找共同兴趣

下一步是寻找和你有共同爱好的孩子们。毕竟，如果你们没有太多共同兴趣，你们就没有太多可以聊的或一起做的事情。你们可能不会成为朋友，至少不会成为亲密的朋友。

你们"遇见的地方"可能会提供给你一些发展共同兴趣的思路。比如，如果你在国际象棋俱乐部，那么你们很可能都喜欢下棋。抓住机会和你的队友讨论这个游戏，你可以利用比赛间隙或在比赛中和俱乐部的其他队员交谈。

当他们做得好时为他们加油，当他们表现不佳时告诉他们"你已经努力过了"，这也是和其他孩子打成一片的好方法。

你们可以共享其他兴趣，包括对音乐、电视节目、电子游戏、有趣的网站、书籍、体育项目和乐器的喜好。听听他们在聊些什么，看看他们在做些什么，这些都是了解他们的好方法。

有时候，建立友谊就是从你发展某个兴趣时开始的。先加入一个兴趣小组，稍后再找出你们有什么共同之处。如果你想加入正在玩某种游戏的孩子们，可以等待游戏中的一个间歇。比如当他们换边时，然后简单地请求加入，你可以这样说：

＊"我可以加入吗？"

＊"你们需要另一个成员吗？"

＊"介意我也玩吗？"

试一试！

当你走向一个新朋友或一群孩子时，感到焦虑是正常的。你可能会注意到你开始胃疼，或者你的手在发抖。这都是焦虑或紧张的迹象。当你感到紧张时，两种让自己平静下来的方法是"深呼吸"和"积极的自我对话"。

深呼吸

通过鼻子深深吸气，再由嘴巴呼出，这样做五次。这会帮助你平静下来，感到不那么紧张。一旦你掌握了这个技巧，就可以在加入其他孩子之前先做做深呼吸，再走过去。

积极的自我对话

不要告诉自己做不到，给自己打打气。研究显示，当我们对自己说积极的话时，我们会感觉更自信并且体验到了更强的自尊。只需对自己说这样的话：

＊"我可以做到！"

＊"我会尽我最大的努力。"

＊"最糟糕的情况也不过是他们说'不'。"

＊"我会没事的。"

＊"我是一个值得交的朋友。"

如果他们同意了，说一声"谢谢"，然后介绍一下自己，这样每个人都会知道你是谁。如果大家正在玩游戏，就不是相互认识的好时候，而是等到大家空闲的时候再介绍自己。当游戏结束时，记得感谢他们让你加入。当然了，要做一个公平竞争的人。

有可能当你请求加入时，其他孩子会说"不"，也许游戏里没有位置给另一个新玩家了，也许他们不想在游戏已经开始后加入新玩家。如果这样，不要灰心，也尽量不要表现得生气，只要说："好的——如果你们后面需要新玩家告诉我，玩得开心！"

能够在被拒绝时不生气，这会让其他孩子知道你可以处理好被拒绝的情况。你向他们展示了你很成熟，会公平地玩耍，不会大发脾气或生闷气。也许下次他们就会想要你加入！

步骤3：与人打招呼

一旦你决定了想要认识谁，就该去打招呼了。对害羞的孩子来说，这往往是最难的部分。制订一个破冰计划会有所帮助。当然，练习也很重要。

说到计划，没必要太复杂。开始时只需说一声："嗨！"或"你们好！"看着别人，微笑着说"嗨"（不要忘了微笑），展示出你的友好。这也会让别人感到开心。

有时候你甚至不需要说什么：一个简单的点头就足以表明你已经注意到某人。其他打招呼的方式包括挥手、击掌或拳头碰拳头。这让别人知道你很高兴见到他们。不管你决定用哪种方式打招呼，一定要有眼神交流。这是一个重要的信号，表明你很友好并对对方感兴趣。

在接近某人之前，注意他／她正在做什么以及他／她正在和谁交谈。观察他／她是否看起来友好或不那么友好。友好的孩子会经常微笑，不那么友好的孩子可能会争吵和相互取笑。

接下来，走近那个人或团体。如果团体的成员在交谈，站在旁边等待机会。当别人正在交谈时不要打断，等待对话中的一个间隙，当没有人说话至少几秒钟后才插话。如果有人看着你或对你微笑，那是一个好迹象，表明那个人愿意交谈。

如果你看到某个人独自一人，那是接近他／她并开始交谈的好时机。

自我介绍其实很简单。确保你告诉对方你的名字，并询问他／她的名字。比如："嗨，我叫亚历克斯。你叫什么名字？"当你得知对方的名字时，重复一遍："嗨，珍妮！很高兴遇见你！"

> "我听到两个女孩在谈论天气，她们希望明天不用上学。我说我希望下雪，然后我们就编了一个关于这个话题的游戏。于是，我们成了朋友。"
>
> ——9 岁女孩

试一试！

每天都有意识地对几个人说"嗨"或"你好"。在走廊里对人说"你好"，当你走进教室时对老师说"老师好"，上公交车时对司机说"你好"，在商店结账时对收银员说"你好"，当你的父母走进门时对他们说"嗨，回来啦"，或者当你在门口散步时对邻居说"你好"，你甚至可以对正在遛的狗说"嗨"！

说完"嗨"之后，如果加上"最近过得怎样？"或"有什么新鲜事吗？"效果会更好。

步骤 4：开启对话

现在是聊天的时候了。如果你看到大家已经在聊天了，可以试着说一些和他们正在谈论的内容相关的话题。有时候加入一个已经开始的对话是开启与朋友交谈的简单方式。

"如果我看到一个孩子独自坐着，特别是如果他 / 她是一个新生，我会坐在他 / 她旁边，问他 / 她是否想成为我的朋友。我会陪伴他 / 她。"

——9 岁男孩

如果你要开始一个新的对话，选择一个恰当的时间和地点。在下课铃响之前的走廊里或课间休息时，你不能聊太多——时间不够。午餐时间，课间休息时，或者放学前后，都是聊天的好时机。

这里有一些建议，用来开启对话。你可以谈论：

- 天气
- 你最近做的一些有趣的事情
- 学校的特殊活动，比如派对或舞会
- 体育赛事，比如你周日看的足球比赛
- 你去过的地方
- 宠物（狗、猫、鱼、仓鼠）
- 你计划要做的事情或近期想去的地方
- 最喜欢的游戏、食物、地方、电视节目、体育活动或电子游戏

试一试！

下一次你去上课、参加兴趣班或俱乐部会议时，向不认识的人介绍自己。课前或课后都是自我介绍的好时机。在课堂上如果有自由交谈的时间，那也是一个好机会。如果你在课堂上介绍自己，那么之后你们开启对话会容易得多。

怎样开启对话？你可以说些什么或问一个问题。你练习得越多，它就会变得越容易。这里有一些你可以尝试的方法：

* ＊"我真高兴今天没下雨。"
* ＊"你觉得那次数学考试怎么样？我觉得很难！"
* ＊"你周日看篮球比赛了吗？"
* ＊"最近怎么样？"
* ＊"有什么新鲜事吗？"
* ＊"你最近在忙什么？"
* ＊"你最近做了什么有趣的事吗？"
* ＊"怎么了？"
* ＊"周末你做什么了？"
* ＊"好可爱的小狗——它叫什么名字？"

关于对话的另一个提示：注意你与对方的距离。大多数人在交谈时会保持大约一个手臂的距离。靠得太近会侵犯别人的个人空间，让人感觉不舒服。

步骤 5：向对方提问

在你开始和某人交谈后，下一步是了解彼此更多的信息。用提问的方式去了解对方有点像记者采访。你想表现出对对方感兴趣，但你也要确保对方在和你交谈时感到舒适。

在你认识新朋友时，这里有一些好问题可以问：

＊ "你喜欢做什么好玩的事？"

＊ "你最喜欢的电视节目或视频是什么？"

＊ "你喜欢什么电子游戏？"

＊ "你做过什么运动？"

＊ "你住在哪里？"

＊ "你最喜欢的食物是什么？"

＊ "你参加乐队了吗？你会演奏什么曲目？"

＊ "你喜欢学校吗？你最喜欢的科目是什么？"

如果对方分享了一些你们共同感兴趣的东西，那会让继续对话变得更容易。你可以说"我也是"，然后分享一些关于同一主题的东西。如果你没有发现你们共同的兴趣，可以继续问问题，但不要过分追问。确保在你的问题中加入一些评论。这里有一个例子：

大壮：你喜欢运动吗？

阿隆：嗯，我爱踢足球。

大壮：酷！足球很有趣，但我更喜欢棒球。

阿隆：棒球很棒！你为哪个队伍打球？

大壮：我的校队。你为哪个足球队效力？

阿隆：雷霆队。你打棒球多久了？

大壮：现在已经四年了。

阿隆：哇——那很长时间了。你打什么位置？

大壮：游击手和投手。你呢？

阿隆：主要是守门员和边锋。

试一试！

下次你和一个新朋友，甚至是老朋友交谈时，选择以下话题中的一个，问问他/她最喜欢的是什么。在他/她回答后，再问他/她为什么。这是一种与某人开启聊天的有趣方式，并能更好地了解对方。

你最喜欢的……是什么？

- 动物？
- 水果？
- 运动？
- 电视节目？
- 电子游戏？
- 书？
- 歌手或乐队？
- 电影、节目或书里的角色？
- 旅行过的地方？
- 学校科目？
- 其他兴趣？

注意对话是如何来回进行的，这能让对话持续下去。还要注意男孩子们彼此之间说的友好话语（"哇！"和"酷！"）。说一些鼓励的话能让对方对继续聊天保持兴趣。

另一种方式是问一些以谁、什么、何时、哪里、为什么、怎样等开头的问题。这会让你了解很多关于对方的信息。这里有一些例子：

* "你通常和**谁**一起玩？"
* "这个周末你打算**做什么**？"
* "上个周末你**去了哪里**？"
* "你**什么时候**开始加入围棋社的？"
* "你**为什么**决定学习跆拳道？"
* "你是**怎么**变得这么擅长钢琴的？"

步骤 6：谈论你自己

当你能够自如地提问，以及对别人的回答进行评论时，那你就可以开始分享一些关于你自己的事情了。尽量保证你的评论和话题相关。比如，如果午餐时大家正在谈论课间休息时玩壁球的事情，而你打断他们，告诉他们你喜欢的一款电子游戏，他们会感到困惑。你可以增加一些关于壁球的对话，或者等对话暂停时再开启一个新的话题。

通过倾听其他人在谈论什么，你会更好地了解你和他们共有的兴趣。先试着谈论你和他们都喜欢的东西，这将在你们之间建立联系。之后，你可以分享更多你喜欢的事情，看看其他人是否感兴趣。如果你不确定，就问："想听听我的体操练习吗？"这给了其他人一个说"不"的机会。不要只顾着自己提出新话题，也要考虑别人的感受。

如果你喜欢不同的东西，那也没关系。和有不同兴趣的朋友交往的乐趣之一是，你可以了解到一些你平常很难知道的新事物。

分享自己的事情是让别人了解你并开始喜欢你的好方法。但不要一直谈论自己，或者"霸占"话题——不准别人发言。

分享了一点儿关于自己的事情后，回到询问对方的事情上，这是很礼貌的对话方式！

被拒绝时

有时候别人会拒绝你。他们可能不想听你讲电脑游戏，或者不想和你一起做手链。他们可能不接受你的邀请去你家玩，或者不让你加入他们的踢球游戏。

你可能会感到失望，甚至生气，你的感情可能会受到伤害。但好消息是，大多数时候，孩子们会说"好"。你只需要再试一次。如果有孩子拒绝了你的某个提议，记住你还会有其他机会——在别的时间或与别的人再次尝试。深呼吸，然后说："好吧，下次吧。再见！"保持积极的心态，继续尝试。

步骤 7：注意别人的反应

当你在与朋友进行对话时，观察对方是否对你所说的内容感兴趣是非常重要的一点。表示某人感兴趣的迹象包括：

- 与你眼神交流——看着你的眼睛
- 对你微笑
- 针对你谈论的内容向你提问
- 感到兴奋或充满热情

- 分享与你所说的相似的事情

如果对方做了以上这些事情中的一些，那么你就知道他 / 她可能也喜欢这次对话。那太好了，继续聊！

这里有一些迹象可能意味着对方对你所说的内容不感兴趣：

- 打哈欠
- 在你说话时看向别处
- 对你的话题没有说任何东西或不向你提问
- 查看时钟或手表
- 走开或与别人交谈

如果你正在和某人交谈，而他 / 她做了以上任何一件事，可能是时候检查一下他 / 她是否感兴趣了。你可以直接问，比如说："我们换个话题好吗？"或者你可以通过问对方喜欢做的事情来主动改变话题："这个周末你有什么计划？"或者"你怎么看昨天的代课老师？"

换个话题的问句有：

- "你最近有什么新鲜事吗？"
- "那你最近都在忙什么？"
- "你想聊些什么？"
- "抱歉，我一直在说自己的事情——你最近怎么样？"

如果你提出问题并对其他孩子想聊的内容表示出兴趣，他们会更愿意和你聊天，很可能还会约你下次再聊。

试一试！

当你在谈话时看着对方的眼睛是一个重要的社交技巧。这向对方表明你对他 / 她所说的内容感兴趣。如果你在和某人交谈时四处看——尤其是在他 / 她说话时——他 / 她可能会认为你不感兴趣。

有些孩子在进行眼神交流时会感到困难。如果你在这方面有困难，尝试只看对方的一个眼睛，而不是同时看两只眼睛，或者看他 / 她的鼻子。这样可能会容易一些可以先在家里和父母或兄弟姐妹进行练习。

步骤 8：持续进行对话

一旦对话开始了，下一步就是确保它继续进行。这需要更多的练习。记得既要照顾到自己的话题，也要询问对方的感受。不要只谈论自己，但也不要问对方太多问题。

有一个名为"烫手山芋"的老游戏。当你拿到烫手的山芋时，你会拿着它一秒钟，然后传递出去——在它开始烫你之前！你不想成为那个失手掉下山芋的人。和某人交谈也类似。当对话落在你身上——比如有人问你一个问题——你的任务就是接住它然后快速抛回去。换句话说，你通过回答或提出一个后续问题来保持对话继续，这样你就不会掉下对话的"山芋"！

这是一个有来有往的对话例子：

阿尔比：嘿，最近怎样？

扎克：还不错。最近在准备乐队练习。

阿尔比：是吗？你演奏什么乐器？

扎克：上低音号。

阿尔比：酷！难吗？

扎克：有点儿，但我喜欢。你会演奏乐器吗？

阿尔比：我在合唱团。

扎克：哦，那很酷。你参加了多久了？

阿尔比：这是第一年。我可能明年转到乐队去。

扎克：我得走了，霍夫曼先生讨厌我们迟到。

阿尔比：再见！

你注意到阿尔比问了一个问题，然后在扎克回答后提出了后续问题吗？扎克问了一个问题（"你会演奏乐器吗？"），然后轮到阿尔比回答了。

有时你可以通过点头来回传"烫手山芋"。当别人在说话时点头表示你理解对方所说的，也可以表示你同意对方所说的，或者仅仅表示你在听，并且鼓励对方继续说。

如果你仔细听你朋友所说的话，"传递山芋"会更容易。如果你走神了或在对方说话时四处看，你会错过一些东西。要是经常这样，对方可能会感受不好，因为你并没有真正听他们说话。

> **试一试！**
>
> 在家里和家人练习这种对话，并请他们告诉你你做得如何。

确保你不会分心，同时让对方知道你一直在听的一个好方法是——在对话中保持活跃。你可以在对方回答你的问题之后做一个简短的评论。这有助于你保持对话中的参与感。

这也让对方知道你在听，从而让对方和你聊天时感觉更好。

有时只需要点点头并说"嗯哼"就足够了，但你可以更进一步，说些表现出热情的话。确保在你的语气中显示出热情。这里有一些例子：

* "哇！"
* "酷！"
* "太棒了！"
* "棒极了！"
* "不会吧！"
* "听起来很有趣。"
* "多跟我说说。"

步骤 9：加入群体对话

加入一个群体的对话有时比一对一对话还要困难。如果你午餐时坐在桌子旁，其他孩子正在谈论他们喜欢的电子游戏或他们看过的电影，有时几个人同时都在说话。知道什么时候才能打断别人，什么时候只是听，是不太好把握的事情。如果你等待太久，别人就会插话。如果你在别人说话中间开始说话，就会看起来很无礼。

加入对话的最佳时机是当对话中有一个简短的暂停时，

赶紧插入一个和大家谈论的话题相关的内容。在开始说话前等待几秒钟。如果你的声音比较小，确保说得大声一些，以便其他人都能听见。

试一试！

如果你在和人说话时感到紧张，可以先通过和你的毛绒玩具或宠物说话来练习。想象你正在和某人说话，并且练习对话的所有方面。说出你的自我介绍、你的问题，给予赞美，以及你的告别。你的毛绒玩具或宠物不会在乎你听起来怎样，所以你会感到更安心和舒适。你也可以和父母进行练习。

另一个选项是对着镜子自言自语。这样，你就能看到自己说话时的脸部表情。你是在友好地微笑，还是在皱眉或者露出不悦的表情？如果你不确定，可以寻求一个可信赖的成人帮助。

步骤 10：说再见

很快就到了对话结束的时候了。也许你们已经聊了一段时间，你想不出还有什么可以说的，或者可能你得离开了。这没关系——对话不会永远进行下去——但不要忘了说"再见"。不告而别是不礼貌的，让对方知道你要离开，并确保说一些友好的话，让他／她知道你喜欢和他／她聊天。

以下是一些例子：

＊"再见。"

＊"我得走了，和你聊天很开心。"

＊"放轻松哈。"

＊"明天再聊哦。"

＊"愿你有美好的一天。"

＊"以后再约。"

＊"再见，明天见。"

在对话时切记要适时停顿，在别人正在说话时不要直接打断说"再见"，而且别忘了微笑。

你会怎么做？

还记得本章刚开始提到的萨莎吗？她遇到了一个尴尬的情况。她想在午餐时加入大家的对话，但没有人邀请她坐下。你认为她应该怎么做？

在这一章中，你学到了很多聪明的技巧来加入对话。利用你学到的一些知识，为萨莎支支招吧。

快速测验

让我们看看你在这一章中学到了什么。

请你根据下列情况做出判断，并在下列语句后打"√"或者"×"。

1. 点头可以让人知道你对他们所说的内容感兴趣。

2. 交谈中，如果你一直在说话也没关系。

3. 你应该只和有相同兴趣的人做朋友。

4. 如果有人在和你说话时看向别处，可能意味着他 / 她不感兴趣。

5. 观察别人可以是学习如何交朋友的好方法。

6. 当你和对方说话时看着他 / 她的眼睛会把他 / 她吓跑。

现在检查一下你的答案。

1. 正确。只是不要点头太多！

2. 错误。如果你一直在说话，对方不会觉得有趣。

3. 错误。虽然兴趣相同使你们更有可能成为朋友，但通过和有不同兴趣的朋友交往，你可以学到新事物。

4. 正确。可能是时候开始问对方问题或结束对话了。

5. 正确。通过观察别人如何做，你可以学习新技能。

6. 错误。看着对方的眼睛能让对方知道你在注意听。

在下一章中，你将学到更多的社交技能。

True or False?

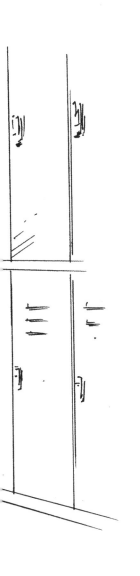

第三章
7 个增进友谊的小贴士
（以及 4 个要避免的
错误行为）

　　哈鲁在五年级开始时过得很顺利——他交了两个新朋友。他们一起步行去图书馆，一起在课间休息时聊天。但几周后，他们在课间休息时不再找哈鲁，也不再和他一起去图书馆了。他们并不是对他生气，他们只是显得没那么感兴趣了。哈鲁每次见到他们的时候都打招呼，并且问一些问题以更好地了解这两个朋友。他现在很想知道自己还可以做些什么能让对方知道自己的交友诚意和兴趣。

你会怎么做？

哈鲁已经掌握了一些基本的社交技巧，但也许他还需要学习其他的技巧，以提高他与喜欢的孩子成为更好的朋友的机会。读完这一章后，看看你能否想出一些哈鲁还可以尝试的、新的社交技巧。

在建立友谊的初期，你们正在相互了解。这很令人兴奋，但你们还不算是真正的密友。为了培养你们的友谊，你会想要表现得友善、诚实、有趣、有帮助——并且做你自己！换句话说，如果你想拥有一个朋友，你就必须成为一个朋友。

本章提供了一些建立友谊的小贴士，以及一些要避免的误区。

小贴士 1：分享

当你分享一块口香糖或一份小吃时，说明你在想着对方。这表明你关心他 / 她，这会让他 / 她感觉很好。如果有人问起你的小吃，可能意味着他 / 她想要一些。分享是个好主意。

即使对方说不需要，仍然会因为你问过而感到高兴。你也可以分享铅笔、贴纸或轮流玩你的游戏机。让别人试试你的游戏是认识某人的好方法，只要问："你想试试吗？"

小贴士2：帮助

提供帮助是表现出你关心的另一种方式。孩子们喜欢与乐于助人的人在一起。寻找机会帮助你的朋友，或任何人！比如你看到有人努力搬东西/掉了东西/开门困难/看起来苦恼或难过，也许就是你伸出援手的时刻。在提供帮助之前，记得询问对方是否需要帮助，并问你可以做什么（有些孩子不需要帮助或对被帮助感到不舒服）。

你可这样说：

* "你需要帮忙开门吗？"

* "我可以帮你吗？"

* "你看起来很难过。一切都还好吗？"

* "发生了什么？你需要帮忙吗？"

* "这次数学作业挺难的。你需要帮忙吗？我觉得我弄懂了。"

如果你帮了某人，那个人感谢你，你一定要说："不客气！"或"哦，没问题！"

小贴士 3：轮流

这是成为朋友的更重要的方式之一。尽可能让其他人先行。这总是一件有礼貌的事情，通常会让其他人感觉较好。虽然这对你来说这很难，但你这么做总是对的！ 如果你的朋友让你先行，记得说："谢谢！"

小贴士 4：给予赞美

谁不喜欢听到关于自己的好话呢？当你给某人一个赞美时，说明你注意到了他／她的好。这会帮助他／她对自己感觉好，并且他／她会感激你注意到了他／她的优点！给出恰当赞美的关键是让它们具体。这意味着你必须仔细观察别人，这样你就可以注意到他们身上值得欣赏的地方。比如他们拥有的技能、特质以及他们能够做到的事情。确保你的赞美是真诚的，而不是虚假的。大多数人都能够感觉到你是不是真心的，虚假赞美只会让人们更不信任你。

这里有一些例句供你参考：

* "好漂亮的运动鞋！"
* "你今天排球打得真好。"
* "那个笑话太好笑了！"

* "哇，你拼写测试得了95分？太棒了！"

* "你换了一个好看的发型。"

* "今天你为莉亚挺身而出，真酷！"

* "哇——你跑得真快！"

尝试每天至少赞美一次你的家人、朋友、老师或你想结交的朋友。在家里练习会让你更容易尝试与朋友做这件事，而且会帮助你与家庭成员相处得更好。

一个提醒：如果你过分关注对方的外貌，尤其当对方是异性时，可能会让对方感到不舒服。如果对方已经是你的好朋友了，可以对他/她的外貌进行赞美。

小贴士5：寻求建议或帮助

这是更好地了解某人的方式之一。为什么呢？人们喜欢感觉到自己是被需要的和重要的。如果你向某人寻求建议或帮助，这意味着你信任他/她，而且你认为他/她足够聪明或有能力提供帮助。你给了他/她一个对你友好的机会。

向他人寻求帮助也给了你一个很好的机会来回报这种善意。感谢那个人并回报他/她的帮忙。所有这些互相帮助肯定会让你们更亲密——只因为你请求了一点儿帮助。

你可以寻求帮助的事情有哪些？这里有一些建议：

- 学校里的问题
- 投掷飞盘
- 体操或舞蹈动作
- 处理与父母或兄弟姐妹的关系
- 友谊问题
- 滑板技巧
- 图书或电影推荐

下面是一些请求帮助时的询问方式：

* "嗨，珍妮！前几天你数学考试做得真好！我数学没你那么好。如果我做作业时遇到困难，可以打电话给你吗？"

* "嘿，马丁！我能问你个事吗？你在篮球场上太厉害了——你的大多数投篮都进了。你介意看我投篮并给我一些建议吗？"

* "你能给我一些建议吗，山姆？我父母要离婚了，我知道你的父母去年经历了相同的情况。你介意告诉我你是怎么处理的吗？"（如果你像这样问一个私人问题，要私下问，这样你的朋友不会感到尴尬）。

一旦你的朋友帮助了你，你可以这样感谢他 / 她：

* "谢谢你的建议，凯西。你真好！我会试试看，然后告诉你效果如何。"

＊"谢谢你的指点，曼努尔。"

＊"那是个好主意——我从没想到。谢谢你，莫妮卡！"

小贴士 6：培养新兴趣

人们通常喜欢和有共同兴趣的人做朋友。如果你没有太多兴趣爱好，你可能看起来不那么有趣。可以问问大家喜欢做什么好玩的事情，如果是你没尝试过的事情，问一些问题了解一下。可能是运动，比如篮球或者足球；收集东西，比如漫画书；玩动作游戏，如彩弹射击或激光标签；也可能是编故事或剧本。选择朋友们正在玩的新事物，尝试一下。至少，它还能给你一些可以谈论的东西。最好的情况是，你可能会喜欢上它！

也许你和你的朋友已经有了一些共同点，比如阅读、玩电子游戏或看电影。如果是这样，这是帮助彼此发展新兴趣的好方式。试一试，为彼此推荐图书、电子游戏或电影。你们甚至可以互相借阅或分享。例如，你可以说："如果你喜欢科幻作品，你可能也会喜欢这本书。"这样，你们都能发展新兴趣。

小贴士 7：为他人挺身而出

作为一个好朋友和一个正直的人，可以做的就是站出来，对那些不友好的孩子，尤其是取笑或欺负其他人的孩子提出抗议，主持公道。当然，这并不容易做到。如果那些受欢迎的孩子在取笑你的朋友，你可能会担心如果你为朋友辩护，他们会怎么说你。如果强硬或可怕的孩子在欺负某人，直接介入可能会令你感觉很危险。

为他人挺身而出显示了你有勇气为正确的事情站出来。即使被取笑或欺负的人不是你的朋友，为他／她挺身而出也显示了你不赞成伤害他人。

　　你可以告诉其他孩子停下来，然后与被取笑的孩子交谈，或岔开取笑者的话题（分散他们的注意力）。你也许可以这样说：

* ＊"别那样，伙计们！"
* ＊"嘿，文森特，别担心他们，来和我一起走。你最近怎么样？"
* ＊"别欺负他 / 她了——他 / 她没惹任何人。"
* ＊"你们没有更好的事情做吗？"
* ＊"嘿——谁要去吃午饭？"
* ＊"欺负人会让你惹麻烦的，你最好停下来。"

如果你不喜欢一个孩子欺负其他人，很有可能其他孩子也和你有同样的感觉。如果你为被欺负的人站出来，你可能会失去和欺凌者的友谊，但你也可能会得到更多"反对欺凌"的孩子的友谊。

重要提示：有时你需要成人的帮助。如果情况看起来危险或失控，立刻找一个成人求助。如果感觉不对，那就赶快行动！在学校，你可以找老师、教导主任、体育教练或校长来帮助。没有人应该忍受被欺负！

4 个要避免的错误行为

虽然有很多与人相处的好方式，但有些事情会使朋友间的相处变得更困难。下面有四种可能会破坏友谊的行为：

错误行为 1：表现出刻薄或伤害他人的行为

这听起来很不应该，但有时我们在不知不觉中就会表现得很刻薄。也许我们在并非故意的情况下表现出伤害他人的行为。你有没有做过以下任何一件事？

- 通过恶作剧来引起朋友的注意
- 当有人让你停止做某件事，你就会变得过于粗暴
- 偷窃或撒谎

- 在背后说人坏话
- 通过取笑别人，让自己看起来很酷
- 专门针对某人
- 欺负他人（取绰号、骂人、打人、反复贬低某人）
- 批评他人，告诉他们做错了什么
- 为了和一个朋友一起玩而抛弃另一个朋友

有时我们可能对自己感觉不好，或者我们正在经历糟糕的一天，我们就会把自己的愤怒发泄在别人身上。或许我们只是想通过做一些刻薄的事情来逗大家笑，但取笑、欺负他人或伤害他人从来都是不对的。你不必喜欢每一个人，但刻薄或伤害行为表明了你的某些不好的一面。当别人看到你对他人刻薄时，他们可能会担心你也会对他们做同样的事情。

> "如果有人对我的朋友刻薄，我会说'请不要那样对待我的朋友'。如果这样不行，我会告诉老师。"
>
> ——10 岁男孩

错误行为 2：表现出无礼、粗俗或冒犯性的行为

讲一个粗俗的笑话或表现无礼实际上也是不友好的。就像残酷对待某人一样，冒犯性行为会伤害友谊。这里有一些例子：

- 表现出粗俗的行为，如故意当面放屁、挖鼻孔或大声打嗝
- 说脏话

- 不停地咯咯笑或大笑（在需要安静的时候）
- 在别人正和他人说话时打断他们
- 只谈论自己，从不询问别人的情况

在某些情况下，尤其是在群体中表现出这些不礼貌的行为可能很有诱惑力。比如，有人在午餐桌上打嗝，每个人都笑了。或者一个受欢迎的孩子一直谈论关于自己的事情。但是，不要被这种表象骗了！如果你成为那个总是打嗝、说脏话或只谈论自己的孩子，只会让你在别人眼中看起来很糟糕。

错误行为 3：成为无视公平竞争的人

孩子们花很多时间玩游戏和做运动，这可能会变得相当有竞争性。他们甚至会在诸如成绩或谁在一本书中读了最多页数方面争输赢。如果用正确的规则进行，适当的竞争可以很有趣，也可以驱使你更努力地玩耍或工作，这通常是好事。

但当孩子们总是表现得将输赢视作最重要的事情时，他们就不那么好相处了。同样的，命令别人、更改规则、作弊和说脏话也是令人讨厌的行为。小心避免以下任何行为：

- 强迫别人同意你加入和一起玩
- 让别人必须按照你的规则玩
- 在游戏中作弊

- 赢了后夸耀
- 输了后抱怨
- 输了后找借口，比如责怪裁判、评委或队友
- 取笑做得不好或不如其他人的孩子

错误行为 4：为了融入而委屈地改变自己

有时融入群体是个好主意。如果孩子们正在做一些积极的事情，如帮助他人、在体育赛事中为队伍加油或鼓励感到沮丧的人，你可以高兴地加入。但为了融入群体而改变你的信念或以你不喜欢的方式加入从来都不是好事。如果孩子们正在刻薄行事、违规或做危险的事情，听听你的直觉：这样做你会感到自豪吗？你会安全吗？这个行为或选择会让你成为什么样的人？

改变你的穿着或行为方式也是如此。模仿一种流行风格可能看起来是融入群体的简单方式。但是，只是表现得像其他人并不会一下子让每个人都想成为你的朋友。

在前文中，你了解到了尝试新事物的重要性。这是真的——新事物可以很有趣并能够加深友谊。如果你遇到对同一件事感兴趣的其他人，你们也许很快就会成为朋友。同时，不要忘记做你自己。你不必为了成为他人的朋友而让自己成为他人

> "只做你自己。如果你想要事情顺利，不要试图成为你不想成为的人。"
>
> ——8 岁男孩

希望你成为的样子。如果假装喜欢某件事，只因为别人喜欢，那是虚伪的，从长远来看行不通。

熟能生巧

你刚开始学习所有这些新的社交技能可能感到很有挑战，觉得有些难。这没关系——这是正常的。在你与其他孩子实际使用这些社交技能之前，不断地练习是学习这些技能的最佳方式之一。要有耐心。你不会希望在试训的第一天就成为篮球明星。你在排练的第一天也不会知道学校戏剧的所有台词。同样，在没有学习之前，你也不会知道测试的所有答案。这需要练习。

你可以和谁练习？你的家庭成员！请父母和你一起练习，或者哥哥姐姐也行。假装你在学校午餐时间坐在班上一个新生旁边。想象他/她不认识任何人，你的任务是去了解他/她，轮流扮演你自己和那个新生。这叫角色扮演，是学习新技能的好方法。角色扮演后，问问你的家庭成员认为你做得怎么样。

试一试！

让你的家庭成员用视频录下你练习这些技能的过程，然后回放检查你的表现。你可能会注意到你做得好的地方或你想改变的地方。一开始看到视频中的自己可能会感到不舒服，但这是提高的好方法。

你会怎么做？

让我们回到哈鲁的故事上。他注意到他的两个新朋友过了一段时间似乎对他没那么感兴趣了。他能做些什么来增进和这两个朋友的友谊呢？在这一章中，你读到了几种强化友谊的方法。你会推荐哈鲁尝试哪些方法？如果他这么做，你认为会发生什么？你来设计。

快速测验

现在你对增进友谊了解了更多。通过做下面这个简短的测验来检验你掌握得如何。

请你根据下列情况做出判断，并在下列语句后打"√"或者"×"。

1. 如果看起来每个人都在做某事，那一定很酷。所以如果大家都在取笑某人，加入其中是交到新朋友的好方式。

2. 请求帮助或建议表明你无助，将来会让人避而远之。

3. 用打嗝表演字母表是让人们喜欢你的好方法。

4. 给予真诚的赞美会让其他孩子更愿意和你一起玩耍。

5. 练习你的友谊技能没有帮助——你应该做自己觉得自然的事。

看看你的表现如何。

1. 错误。那只会让你成为一个欺负别人的人。

2. 错误。请求帮助实际上表明你非常看重你正在请求的人，可能会使他/她喜欢和你一起做某事。

3. 错误。即使别人笑了，也不会因为这个欣赏你或想成为你的朋友。

4. 正确。人们喜欢和能让他们感觉良好的人在一起。

5. 错误。和家庭成员甚至毛绒玩具练习可以帮助你在与朋友相处时做得更好。

True or False?

04

第四章
强化你的社交
技巧和友谊

　　加比和佩妮在同一个体操课上成为朋友，但现在课程结束了。虽然她们总是喜欢见到对方，但已经有一段时间没有见面了，她们都很想念对方。两个人都在等待另一个人先采取行动，谁都不愿意迈出第一步。

你会怎么做？

加比和佩妮能做些什么来维持她们的友谊？在这一章中，你会找到一些加深友谊的方法。在本章的最后，你将有机会为加比和佩妮的故事编写结局。

一旦你找到了你喜欢并且相处融洽的人，你就已经走在一条与好朋友同行的路上了。随着你们共度更多时间，你们会变得更亲密，对彼此更重要。这一章讲的是如何使友谊更加牢固和怎样提高你的社交技能。

友谊的层次

有些孩子喜欢拥有很多朋友，而其他孩子则喜欢只有几个亲密的朋友。这取决于你喜欢哪种交友的感觉。其实，你可以拥有不同层次的朋友。

第一层级是熟人。 这些是你认识对方名字并且可能有过简短对话的人，但你们通常不会一起出去玩。你不会邀请他们来参加你的生日宴会或好友聚餐，因为你对他们不够了解。但在午餐时你会与他们交谈，在操场上一起玩耍，甚至在课堂上交流或分享一个笑话（当然不是在老师讲话时）。也许随着时间的推移，你们会成为更亲密的朋友。

第二层级是普通朋友。这些是你稍微了解得更多一些的人。你可能会和他们一起做运动，在操场上和他们一起玩，甚至邀请他们到你家参加聚会。你与这些朋友的大部分接触都是在团队中，比如在学校、俱乐部或体育活动中。

第三层级是亲密朋友。亲密朋友是你喜欢花很多时间在一起的朋友。你们会去彼此的家里，或者一起去看电影或逛公园。你们会互相打电话或发短信，而且你们在一起感觉非常舒服。你和这些朋友分享了生命中的很多东西。

第四层级是最好的朋友。这些是你信任的人，知道你的个人和私密的事情，不管发生什么你们都会互相帮助的那种朋友。这个层级的朋友是人们愿意保持一辈子交往的人，即使双方搬家了。最好的朋友通常会花很多时间单独在一起。

这使得分享重要的事情变得更容易。你可以有不止一个最好的朋友。

通常，新朋友开始时是熟人。随着你们相互了解，你

> "我有一些课堂上经常交谈的朋友。他们不是亲密朋友，但他们让我不再感到孤单。"
>
> ——13岁男孩

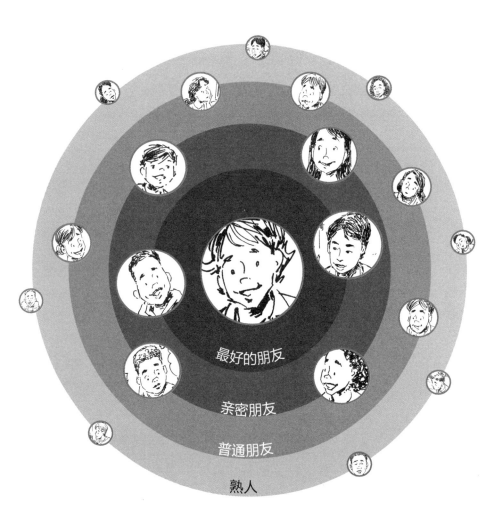

最好的朋友

亲密朋友

普通朋友

熟人

们发现双方有共同之处。你们享受彼此的陪伴，并成为普通朋友或亲密朋友。作为亲密朋友，你们可能会开始分享更多个人的事情，看看你们的生活会有什么变化。这给了你们一个机会来弄清楚是否可以相互信任。如果你的朋友也和你分享个人的事情，比如他／她现在还和喜欢的泰迪熊一起睡觉，这意味着他／她信任你，他／她也把你当作亲密朋友。你不想让他／她失望，所以你不会告诉别人他／她的个人事情，特别是那些会让你好朋友感到尴尬的事情。

慢慢开始，然后逐渐亲密

通常，从熟人到亲密朋友甚至最好的朋友，这个过程是相当自然的。你不需要过多思考，因为这一切就这样发生了。你和你的朋友相互喜欢，所以你们会花更多时间在一起玩。相反，如果你发现你们相处得不是那么好，你们开始减少在一起的时间。

思考你的友谊在四个层次中的哪一个，这对你是会有帮助的。比如，你邀请一个熟人参加"睡衣派对"，那可能会让对方感觉尴尬。如果去海边旅行时，你在邀请了普通朋友的情况下，把一个亲密朋友排除在外，你的亲密朋友也可能会感到很受伤。

当你与某人成为更好的朋友时，你可能会渴望与对方变得更亲密，但请慢慢来。真正发展一段友谊可能需要几周甚至几个月的时间，所以要有耐心。一旦你和你的新朋友花了一些时间在一起，并且你决定和他／她成为更亲密的朋友，邀请他／她做一些在常规时间、地点之外的事情。比如，你们每天都在学校见面，但是周末也约着一起去登山。在周五或假期前一天提出这个想法是最完美的时机。

你不知道邀请你的朋友一起做什么吗？没问题！你可以简单一点。"有空想一起出去玩吗？"是一种简单的询问，用来了解对方是否想要和你一起花更多时间。如果对方说"是"，你可以问他／她喜欢做什么好玩的事。如果你们对某项活动达成一致，那么你可以建议一些可能去玩的时间。

你可以在第五章中阅读更多关于邀请朋友一起做某事的内容。

与不同性别或不同年龄的人交朋友

你的大多数朋友可能都是和你年龄相仿、性别相同的孩子。这是有原因的，因为你和这些孩子比任何其他人都有更多的共同之处，但不要限制自己的交友范围。一些男孩有女孩朋友，一些女孩有男孩朋友。拥有男孩朋友和女孩朋友都有其好处。你将学会如何与男孩和女孩相处，比如在课堂项目中成为搭档。你可以学到新的看待事物的方式，并且你可能会玩得很开心。

同样地，拥有不同年龄的朋友可以让事情变得更有趣。你可能会从一个年龄较大的朋友那里学到一些新东西，这是你从同龄人那里学不到的。和年龄较小的孩子做朋友可以让你有机会成为领导者，并教他们新事物，包括如何玩游戏、掌握舞蹈动作、玩沙包或解数学题。

睡衣派对

与朋友一起参加睡衣派对可以是一种有趣的方式，特别是与亲密朋友一起。通常，如果你是男孩，你只会和男孩一起举行睡衣派对，如果你是女孩，则与女孩一起。并不是所有的孩子都喜欢在别人家过夜，所以如果你邀请了某人而他拒绝了，不要把它看得太严重或者以为他不想成为你的朋友。同样，并不是所有父母都允许他们的孩子参加睡衣派对。

如果你在和弟弟妹妹或者和一个新手一起玩某个游戏的时候，你不能按照和同龄人玩耍的标准来要求他们。如果你总是赢，对另一个人来说就不会有任何乐趣。给比你小的弟弟妹妹一些额外的分数或额外的机会来帮助游戏继续进行下去，这会让他们保持兴趣并玩得更开心。

使用社交礼仪

社交礼仪是确保你在社交时举止得当的一套规则。它是有礼貌的行为，帮助人们更好地相处。你可能已经知道了很多社交礼仪，记得经常使用它们去维护你的友谊。这里有一些例子：

- 如果你需要打断某人（或者你不小心打嗝或放屁了），请说"对不起"。
- 当你请求某事时说"请"。
- 当有人给你某物时，包括赞美，说"谢谢你"或"谢了"。
- 当有人感谢你时说"不客气"。
- 当客人来到你家时，主动帮他／她拿外套。

还有其他一些有礼貌的事情，你可以用来发展你的友谊。当你刚开始认识某些人时，看到他们时说："嗨，你好！"这不仅是有礼貌的，而且还让你的朋友知道你注意到了他们，而且觉得他们很重要。这也可能帮助他们在与你交谈或一起玩耍时感觉更舒适。

有时，你可能在不知不觉中变得无礼。也许你一直在说话，没有注意到对方看起来很无聊；或者你不小心让门在你朋友面前关上了；或者你没有听到朋友问你的问题，所以你没有回答，让他生气了。如果发生这样的事情，没关系——真诚道歉并让你的朋友知道你不是故意要无礼。不要找借口或试图大事化小，承认你的错误并保持友善。可以说："对不起——我说得太多了。你最近怎么样？"或者："哦，天哪！我没听见你的话——对不起！你问了什么？"

展示同理心

展示同理心是结交朋友和保持友谊的关键。当你有同理心时，你就能理解别人的感受。但仅仅理解别人的感受是不够的——你要让他们知道你理解他们的感受。展示同理心让朋友知道你关心他们，并思考他们的感受。这有助于增进你们的关系，让他们感到和你更亲近。

当发生好事时展示同理心很容易。如果你的朋友刚刚赢得了拼写比赛，记得用热情的语气说："太棒了！"这有助于表明你为对方感到兴奋。如果你的朋友赢得了足球比赛，要说："恭喜！"如果比赛中你输了，还要去恭喜对手，这可能很难，但这仍然很重要。

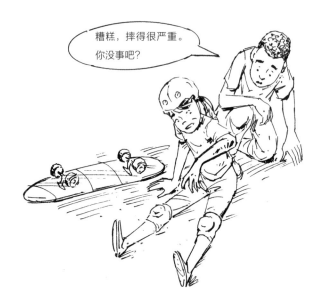

　　当朋友感到难过的时候，表示理解或展示同理心会更加重要。那时候你的朋友可能真的需要有人理解，这可以让他／她感觉好一些。如果他／她从滑板上摔下来，擦破了膝盖，你去问他／她怎么样了，甚至说："我猜那真的很疼！"他／她可能会感觉好一些。

　　以下是你的朋友可能会感激你的同理心的其他几个时刻：

　　当朋友：

- 在重要的测试中考砸了
- 在足球场上受伤了
- 输掉了重要的冠军赛
- 不得不和家人搬家远离他的朋友

- 忘记了吃午餐
- 家人或宠物去世了
- 丢失了他的作业
- 没有被选进梦想的团队参加比赛
- 被朋友拒绝或失去了友谊
- 被其他孩子取笑

当朋友发生不好的事情时，你不必说很多，但让他／她感受到你在为他／她感到难过。这表明你关心他／她的感受，这是拥有朋友的一大美事。以下是当朋友发生不好的事情时你可以说的一些话：

* "糟糕——那真糟糕！"
* "那对你来说一定很难。"
* "不会吧？很抱歉听到那个。你想谈谈吗？"
* "哎哟，太糟了。最近怎么样？"
* "很遗憾那样的事发生在你身上。有什么我可以帮忙的吗？"
* "哎呀！那真的很疼。"

保持联系

当人们是好朋友时，他们会努力保持联系。当你每天在学校就能见到对方时，保持互动很容易，但在周末或暑假期间可能会难一些。如果你的朋友与你在不同的班级或学校，或住在不同的城市，那就更难了。

如果你想和不经常见面的人保持朋友关系，你需要付出更多努力来保持联系。否则你们会渐行渐远（你们的友谊会变得不那么重要）。好消息是，在这个时代保持联系比以往任何时候都更容易。你可以打电话、发信息或电子邮件、写信、写便条，甚至进行视频聊天。根据朋友的习惯来选择联系他们的方式。如果他 / 她经常发信息，你也给他 / 她发信息。但是，其他的朋友，可能需要打电话他们才会觉得舒服。

如果你有不常见面的好朋友，你可能每天或一周联系他们几次。对于不那么亲密的朋友，一个月联系一次或两次可能就足够了。这取决于你们双方的感受。

试一试！

通过在日历或计划本上写下朋友的生日，或将它们输入电子日历来提示朋友的生日。当朋友的生日到来时，通过说"生日快乐"，打电话或发短信给朋友，让他 / 她的这一天变得特别。这是表明朋友对你很重要的好方式。礼物？这通常只适用于更亲密的朋友，或是你被邀请参加生日派对时才有必要。

做一个公平竞争的人

你可能听过这句老话——"友谊第一，比赛第二"。嗯，这有点道理。当然你肯定也想赢，追求胜利是乐趣的一部分。但如果你认为必须赢才能玩得开心，那就有问题了。没有人喜欢输不起的人——一旦输了就抱怨或生气的人。赢了后吹嘘或炫耀，让别人感觉不好也是不可以的。这样做肯定会失去朋友的。

这里有一种在游戏中看待输赢的不同角度。如果你喜欢和你一起玩的人，那么他们的感受就和你一样重要。所以重要的是他们有时也能赢，否则玩游戏对他们来说就不会那么有趣。他们可能像你一样喜欢赢，就像你一样，他们也不喜欢输了的那种感觉。记住，和某人玩游戏的目的是为了好玩。这里的公平竞争，说的其实是大家都能获得乐趣。

这里有一些较好的维护公平竞争的规则。看看你已经遵循了多少，以及你可能尝试哪些：

1. **选择一个你们都有机会赢的游戏。**如果一个人总是赢，那就不公平。如果你和弟弟妹妹玩游戏，选择更适合他们的游戏。比如，国际象棋更适合大孩子，但跳棋更适合比较小的孩子。如果你擅长某个游戏，当朋友刚开始学的时候请帮助他／她。这使得每个人都觉得更有乐趣。你和你的朋友也可以互相教新游戏。

2. **在玩游戏时为你的朋友加油。**你希望你的朋友在和你玩时感觉良好。当有人投篮得分时，说"投得好"。如果他／她在象棋中吃掉了你的一个棋子，说"好棋"或"你抓到我了"。如果他／她在游戏中回答错了问题，或者保龄球打得不好，不要嘲笑他／她，而要鼓励他／她："你已经做得很好了，下次你可以做得更好。"

3. **如果你赢了，不要上蹿下跳，并吹嘘你有多厉害。**这是在炫耀，会令对手感觉很糟糕。为赢而高兴是可以的，只是不要过度。和你的朋友握手，说："干得好！"如果你能想到一些积极的话，比如"你打出了很多好球"或"也许下次你会赢"，会帮助你的朋友感觉好一些。

4. **输得有风度。**告诉你的朋友"很精彩"或"你玩得真好"，不要为你输掉游戏找借口。例如，不要说"裁判吹黑哨""是因为我累了才输的""我分心了""阳光太刺眼了"，或"因为我吃了意大利辣香肠比萨，肚子不舒服才发挥失常的"——即使这些事情是真的，也要让对方赢得理直气壮。因为，你朋友的感受和你自己的一样重要，所以如果他／她因为赢了而感觉良好，你也会为他／她高兴。

建立人际关系

成年人会社交的一个表现就是他们会帮助自己的朋友结交到其他朋友。他们称之为"建立人际关系"。通过这样做，人们可以找到工作和加入新的圈子。孩子们也可以做到这一点。当你建立人际关系时，大家都是赢家。你让朋友认识更

多的朋友就是对他们的一种帮助。你也可能会遇到新的朋友。每个人都能获得更多的乐趣和机会，学习不同的事物，并扩大朋友圈。

那么，应该怎么做呢？

如果你正在和你的一个朋友谈话，而另一个你认识的人就在附近，请把他们两个人互相介绍给对方。最简单的方法是问他们是否认识彼此："嘿，你们俩认识吗？"等一会儿，两个人很可能会自我介绍。或者你可以直接说："嘿，娜塔丽娅，你认识瑞秋吗？"

　　你也可以向朋友的朋友进行自我介绍。如果你的朋友正在和你不认识的人谈话，在对话暂停时做个自我介绍。只需说："嗨，我想我们还没见过——我是辛西娅。"如果你害羞，你可以请你的朋友介绍你。

　　参加活动或外出也是建立人际关系的另一种方式。比如说你要和两个朋友去看电影，而他们会经常说到一个很有趣的人，只是你还没见过他/她，那就可以主动邀请这个有趣的新朋友一起来。聚会、体育比赛和其他大型团体活动是结识新朋友的好地方。这是各种各样的新朋友最可能聚在一起的时刻。

试一试！

　　写下你想成为朋友的人的名字、电话号码以及电子邮件地址。如果你有手机，可以把它们保存在手机上。这会让邀请他们一起玩变得更容易。把你的名字和号码印在卡片上，分发给你想交的朋友，这种想法也很酷。擅长交换这些信息的人通常更善于结交新朋友和保持友谊。

避免这些礼貌陷阱

这里有一些不礼貌的行为方式，确保不要做这些事情！

嘲笑别人的错误

当别人犯错误时，不要嘲笑他们。那只会伤害他们的感情。有时候，亲密的朋友在其中一个人搞砸了事情的时候也可以笑，这是你们相互信任的标志，你和对方都会知道这并不是真的嘲笑。如果你有这样的朋友，那很棒！但要小心，有时你的朋友可能会在你意想不到的时候感到不高兴。如果他／她确实感到不高兴，嘲笑可能会让情况变得更糟。不过，你总是可以嘲笑自己的错误，这是安全的。

索要东西

当你刚到朋友家时，除非他／她先提供，否则不要索要食物或饮料。但如果你已经在那里一段时间了，礼貌地请求一些东西是可以的。例如说："对不起，我可以喝点什么吗？我渴了。"也不要随便拿你朋友的玩具或其他物品。先询问朋友，你是不是可以拿来试一试，但未经对方同意不要带走，永远不要把别人的东西据为己有。

八卦

孩子们（大人也是）有时候会说别人的闲话（八卦），意思是在别人背后说一些不好的或者让人尴尬的事情。这样做其实不礼貌，有时候甚至很不友好。更重要的是，这种做法通常会带来不好的结果。想想看，如果你跟别人一起说某人的坏话，那么和你聊天的人可能会想，你也可能在他们背后说他们的坏话。如果你对一个朋友说别人的坏话，你的朋友可能会再告诉其他人。这样就会产生很多不必要的麻烦，甚至可能会失去朋友。所以，我们尽量不要说别人的坏话。

散布谣言

谣言就是你听到人们说别人的故事，但这些故事你并不知道是真是假。这些故事往往是恶意的、尴尬的或有伤害性的。如果你向其他人重复这些故事，你就在帮助传播一种不良情绪。和八卦一样，这会让你在朋友眼中看起来不够好——他们可能会相信你也会传播关于他们的谣言。

如果你听到关于你朋友的谣言，不要传播它。相反，为你的朋友辩护并说：“我不认为那是真的。”你思考要不要告诉你的朋友关于那些谣言的事，因为这可能会伤害他／她的感情。但如果人们正在一直重复关于他／她的“恶劣谣言”，你最好让你的朋友知道。

分享秘密

也许你有一个朋友，他／她足够信任你，愿意与你分享一些私人的信息。这是一种真正的赞赏！这些信息可能是秘密，比如他／她暗恋谁或是他／她现在还尿床。如果一个朋友与你分享了这类信息，请尊重他／她的隐私并一定保守秘密。将朋友的秘密告诉其他人，是一个人对自己的好朋友所能做的最糟糕的事情之一——也是破坏友谊的最快方式之一。

如果你不确定是不是可以把朋友告诉你的事情跟别人说，你就先询问一下他／她。另外，千万不要分享可能让你的朋友尴尬的事情。不管你有多生气，甚至你们已经不再是朋友了，也永远不要分享他／她的秘密。

有些秘密不应该保守。如果一个朋友透露他／她正遭受虐待或考虑做某些危险的事情，你需要让一个你信任的成年人知道。这不是告密或打小报告——这是在保护你的朋友。

抱怨

我们所有人有时都会抱怨——这是正常的。谁没有抱怨过爸妈、兄弟姐妹、家务劳动或作业呢？但如果你花很多时间抱怨，你的朋友可能会把你视为一个抱怨者。抱怨会破坏好心情，让人感觉更糟。如果你们都在共同抱怨作业、爸妈或其他事情，那还好。但如果你是唯一抱怨的人，而另一个人几乎不怎么说话，那就是时候停下来，谈谈其他事情了。

公开表达情感

有些人每次见面时都会搂着对方或互相拥抱。亲密的朋友或者最好的朋友就比新朋友、熟人更可能这样做。然而，并不是每个人都喜欢公开表达情感。如果你去拥抱一个不喜欢被拥抱的人，那会很尴尬。如果你不确定该怎么做，握手或击掌通常是安全的选择。

?

你会怎么做？

还记得加比和佩妮吗？你注意到她们中的每个人都在等待对方采取下一步行动吗？她们中的每个人可以做些什么来帮助她们发展友谊呢？使用你在这一章中学到的一些社交技能，为此编写一个故事结局吧。

快速测验

完成这个测验，看看你在这一章中学到了什么。

请你根据下列情况做出判断，并在下列语句后打"√"或者"×"。

1. 做一个公平竞争的人对于结交朋友和保持友谊都很重要。

2. 熟人和最好的朋友是同一回事。

3. 记住朋友的生日是表现出你关心的一种方式。

4. 如果你是女孩，你只应该有女孩朋友。

5. 做一个公平竞争的人可以让别人更愿意和你玩，并成为你的朋友。

现在来看看你的答案。

1. 正确。这表示你玩游戏很守规则，而且输了也能表现得很成熟。

2. 错误。熟人就是你认识名字的人，而最好的朋友是你能和他们分享东西、一起玩耍的人。

3. 正确。记住朋友的生日通常会让对方感到很特别。

4. 错误。你当然也可以有男孩朋友——这样你可以学会怎么和不同的人相处。

5. 正确。没有人喜欢和那种输不起或者赢了就炫耀的人玩。

True or False?

05

第五章
组织精彩的聚会

丹尼尔 11 岁了，他想邀请他学校的几个朋友来参加自己的睡衣派对。他的父母告诉他，最多可以邀请三个人。他不确定该邀请谁，因为他不想伤害任何人的感情。经过思考，他决定邀请曾经也请他去对方家的三个朋友，想着他们可能会答应。他鼓起勇气邀请他们，其中两个人答应了，只有一个人说不行，他有点失望，但丹尼尔意识到以后还有机会。

同时，丹尼尔也非常兴奋，迫不及待地等待那一天的到来，这是他第一次举办睡衣派对。他有点担心事情可能会不顺利。

你会怎么做？

你会给丹尼尔什么建议，以确保他的睡衣派对顺利进行？看看你在读这章时能想到什么。稍后你将有机会为他的故事编写结局。

和朋友一起活动是加深友谊的好方法。你们可以举办睡衣派对、去看电影、参观博物馆、在公园玩耍、去击球场，或去购物，还有很多。这一章将帮助你了解邀请、被邀请和在这两种情况下如何行动的所有细节。

邀请他人

当你们从熟人发展成朋友时，一个标志就是在学校之外的相聚。当你邀请某人到你家或者一起去某个地方时，你就是在让对方知道你足够喜欢他 / 她，想要更好地了解他 / 她。毕竟，当他 / 她见到你的家人和来到你住的地方时，他 / 她会对你了解得更多。

在你邀请任何人之前

在邀请某人之前，你需要弄清楚一些事情。

- **做什么**：第一步是决定你们将要做什么。只是下午玩棋盘游戏吗？是去吃午餐？还是举办睡衣派对或去蹦床公园？如果是你的生日聚会，你还需要计划地点、活动和食物。

- **谁**：你想邀请谁？你和谁在一起玩得开心或想要更好地了解他/她？如果需要的话，列出你想邀请的人。问问你的爸爸或妈妈，他们对你邀请清单上的人有什么看法。他们可能会对"谁是最适合的人"有一些想法。

- **多少人**：你会邀请多少朋友？一次只邀请一个朋友可能会更简单。因为你可以有更多的时间陪伴那个人，而且不必同时让每个人都开心。但一些孩子更喜欢邀请一小群朋友来。问一下父母你可以邀请多少人。
- **什么时候**：在你真正邀请某人之前，问问你的父母什么时候是邀请朋友来的好日子。如果你先和朋友们制订计划，然后你的父母又说不行，那会很尴尬。

邀请

确保在假期前，特别是暑假前，得到你朋友们的联系方式，这样当学校放假时你就可以和他们保持联系。确保将他们的电话号码记录在可靠的地方，或者干脆让爸爸妈妈帮你保存。如果你有自己的手机，把它们添加到你的联系人列表中。

现在，你打算怎样邀请朋友呢？对于你在学校见到的同学们，课间休息、午餐时间或课外活动是很好的时机。如果你只想邀请一个人，最好在其他人不会听到的时候邀请。如果你在食堂这样有很多人吃饭的地方，其他孩子可能会听到你的邀请而感到自己被排除在外。

如果你的朋友就是你的邻居，下次见到他/她时你可以直接邀请他/她。比如，打电话给他/她，或敲他/她的门直接邀请（先问问你的父母）。一旦朋友答应了，你所需要做的就是获取他/她的电话号码或电子邮箱地址，并且把你的联系方式给他们。

一些孩子可能会给你他们爸爸或妈妈的号码，还有一些孩子有自己的手机。如果你打电话，记得要有礼貌，尤其如果是对方父母接听电话时，要注意电话礼仪。这会给人留下好印象。这里有一些例子：

＊"你好，我是亚当。请问可以和本恩说话吗？"

＊"嗨，田中先生，我是贾米尔。您好吗？齐木同学在家吗？"

＊"嗨，玛雅，我是索菲亚。现在打电话给你方便吗？"

如果你的朋友不在家或者正忙，留言让他/她给你回电话。如果你的朋友没有你的电话号码，记得留下你的号码。挂电话前要说："谢谢你。祝你有美好的一天。"或"谢谢，再见！"

不要太早或太晚打电话。大多数家长不喜欢这样。许多家庭都有关于孩子们可以通话到多晚的规定。尽量不要在晚上9点后打电话。

如果你的朋友有手机，你可以直接给他/她打电话或发短信。用最简单的方式联系。

＊ **打电话**："嘿，夏延，我是杰西卡。你好吗？我想问你这周末是否想出来玩。我已经问过我的父母了，他们说周六可以。"

> ＊ 发短信："嗨，夏延。我是杰西卡。这周末你想过来玩
>   吗？我的父母说周六可以。"

如果你的朋友说他／她不能来，你可以建议一个别的时间。如果你的朋友再次说"不"，你可以说："我理解。有空时给我打个电话。"无论如何，你都可以拥有一个积极的对话结尾："也许我们可以找其他时间。很高兴和你聊天。再见！"或者你可以发短信说："好的，我们下次再约。"

规划聚会

好的，假设你的朋友接受了你的邀请，你们将一起做什么呢？你们可以一起玩运动类的游戏，做发型和指甲，看搞笑视频，去看电影，骑自行车，去打保龄球，玩桌游，唱卡拉 OK，或者只是聊天。如果你需要，可以在他／她来之前列出你们可以做的事情。选择你们俩都可能喜欢的事情，这会让你们见面的时间安排得更充实。

如果你和你的朋友在一起时意见不同，礼貌的做法是让对方选择。如果你和你的朋友开始争论，自己解决不了，或者你认为你的朋友不讲游戏规则，可以寻求家里成年人的帮助。这

"当你邀请朋友过来时，尽量不要制造问题。要经常问问朋友是不是有需要的东西。确保他们不会感到无聊或被排斥在外，确保你公平地对待他们。"

——12 岁男孩

可以防止事情变得更糟糕。只需要说："嘿，爸爸，你能帮我们解决一下问题吗？"

　　如果你一直在做你的朋友想做的事情，但你开始感到无聊时，提议换一个活动是可以的。记得要有礼貌："你介意我们现在玩点别的吗？"如果他／她同意，记得要表示感谢。

　　有时你需要做出一些让步，以确保你和你的朋友可以度过一段愉快的时光。也许你不想玩他／她喜欢的游戏，但也要换个角度想一想：他／她来到你家是为了和你一起玩，给一点让步也是合理的。你可以说："当然，我们可以玩你喜欢的游戏。"或者"我们现在玩你带来的电子游戏（对方喜欢的），然后午餐后玩中国跳棋（自己喜欢的）怎么样？"

离开时

当你的朋友准备回家的时候，一定要让他／她知道你过得很开心，并且你希望不久后再一起玩。

* ＊"我很高兴你能来，马可！希望我们不久后能再次一起玩。"

如果事情没那么顺利怎么办？

有时候确实会发生这样的情况。也许你们吵架了，或者对一些事情无法达成一致。或者，你们只是没有"一拍即合"，经历了一些不同的看法和争论。有时你需要和一个人相处一段时间，才能判断你们是否能相处得很好。你和朋友可能有不同的兴趣，甚至对方表现得很粗鲁，对和你一起玩不感兴趣。也许你的朋友和你的姐姐、弟弟玩得时间比和你玩得还多，或者他／她不爱惜你的东西。

如果事情没那么顺利，你仍然可以保持礼貌：说一些愉快而简单的话，并且如果你不想很快再次相聚，就不要说"下次一起玩"之类的话。

* ＊"谢谢你来，奇莎。学校见！"
* ＊"希望你今天回去后也玩得开心！"

如果在你和朋友聚会时出现了不愉快，而这种不愉快是因为你的错误，那么你应该主动道歉。比如，如果你在游戏中作弊或者不公平竞争，或者因为一些小事情生气了，这可能会让你的朋友对这次聚会留下不好的印象。但是，如果你能勇于承认错误，并向你的朋友表示你很抱歉，同时保证下一次会做得更好，这样就有可能继续维持这段友谊。

试一试！

如果你的朋友似乎更喜欢和你的兄弟姐妹玩而不是你，邀请他们过来玩之前，先和你的兄弟姐妹以及父母谈谈。请你的兄弟姐妹也请一个自己的朋友来，当然他们也可以去自己的朋友家玩，给你和你的朋友腾出空间。

当你被邀请时

接受邀请很简单，当你想说"是"的时候，可以这么做：

* "当然！听起来很有意思！"
* "我很愿意！谢谢你的邀请。"
* "听起来不错！"

一旦你接受了邀请，下一步就是弄清楚细节。搞清楚你的朋友希望你什么时候去。得到他们的电话号码或 QQ、邮件地址。这样你们的爸爸妈妈可以相互联系，帮你们安排时间和交通等细节。

你当然需要征得父母的同意，如果他们不同意，但是你内心很想去，一定要告诉对方，你希望下次能一起。这让朋友知道你仍然对这份友谊非常珍惜。这里有一些很好的表达方式：

* "哦，那听起来很有趣！但这周末我去不了，我们能改个时间吗？"
* "谢谢你的邀请！这周末我安排满了，下个周末怎么样？我可以问问我爸爸看看行不行。"
* "哎呀！我真希望我能去。"

记得，你要跟进这个事情，并且找到另外一个聚会时间，这样你的朋友就知道你真的想和他／她一起出去玩。

到达朋友家时

到朋友家问候对方的时候，一定要说出他／她的名字："嗨，杰斯！"也一定要问候朋友的父母。这显示了尊重，非常有礼貌。"嗨，金先生，很高兴见到您！"如果金先生说："叫我克拉伦斯。"那么下次你见到他时可以说："嗨，克拉伦斯。您好吗？"如果你已经见过朋友的父母，你可以说："很高兴再次见到您！"握手有点太正式，但也能给你朋友的父母留下深刻印象。

成为一个好客人

如果你想让相聚时一切顺利，并希望再次被邀请，遵循这些简单的规则：

* 在触摸你朋友家里的东西之前请求许可。如果你看到一个你喜欢的玩具，只需问："好酷！我可以玩这个吗？"
* 对你的朋友或朋友的父母分享的食物、饮料等任何东西说"谢谢"。
* 轮流决定接下来做什么。如果总是按照你的方式来，那就不公平了。（确实，客人决定是好的，但更公平、更有礼貌的方式是轮流。）
* 你是为了你的朋友来到他/她家的，尽可能地和这位朋友一起玩，而不是和他/她的兄弟姐妹在一起，而忘记了朋友。
* 保持友好。不要叫你朋友的绰号或取笑他/她。
* 控制自己，不要在室内奔跑或跳上家具。（你可能已经知道这个了！）
* 如果你们开始了一场游戏，即使你可能会输掉这一盘，也要完成它。退出是不公平的，但打完这一盘，要求再来一次是可以的。

如果你的朋友表现得太过于在乎输赢，不按游戏规则来，输了游戏后表现得不高兴甚至作弊，可以提醒他/她遵守规则或让他/她知道你不喜欢这样。但是，如果你已经提醒过了而你的朋友还是继续这样，那就不要因此争吵了。你可以提议换个游戏或者做点别的事情，这样大家都能开心一些。

简单说就是，如果朋友的行为让你感到不舒服，而提醒之后也没有改变，那最好改变游戏或活动，找到大家都喜欢的事情来做。

试一试！

这是道歉的方式：

1. 说你感到抱歉。

2. 说明你做了什么，以及为什么那样做不好。

3. 告诉对方这个会再发生。

比如："我为作弊道歉，那不太好。下次我会确保按规则玩。"

如果你需要向朋友道歉，你可以先和家人练习表达你的歉意，这样当你真的要向朋友道歉时，你就会感到更加自在和有信心。除了直接说出来，你还可以考虑写一封道歉信或者做一张卡片给你的朋友。如果你因为做了一件对方可能很在意的事情而感到非常抱歉，那么写信或做卡片是一个表示你真心想弥补的好方法。这样做可以显示出你真的很关心对方的感受，并且你愿意用行动来表达你的歉意。

当事情出错时

当朋友聚在一起时，事情并不总是顺利的。如果你在朋

友的家里伤害了他 / 她的感情——比如，你不小心打破了东西，或者你违反了他们的家庭规则，直接道歉！这可以挽救你们的友谊。也一定要向你朋友的父母道歉。如果你不道歉，他们可能不会允许你再来玩了。

该离开时

一定要告诉你的朋友你过得很开心，也要感谢他 / 她的父母接待你。

＊"谢谢，安妮卡！我玩得很开心！"
＊"谢谢你们接待我，马雷利太太。我玩得很开心。"
＊"这太棒了！谢谢你的邀请。下次我要邀请你到我家来！"

当你离开并且正在道别时，还可以说"祝你有美好的一天"或类似的话。

如果你被邀请参加你朋友家的特别活动，写一封感谢信可能是个好主意。你可以在商店购买感谢卡，或者自己制作。也许你的电脑上也有一些软件可以帮助你。

保持联系

如果你和你的朋友聚在一起玩得很开心，那是再好不过的事了！如果你的朋友上次邀请了你，这次你可以是邀请者。

这是让你们拥有更多快乐时光和加深友谊的好办法。如果你邀请了你的朋友，很可能他／她很快会邀请你。如果没有，随时可以再邀请同一个朋友。

当你和你的朋友更多地聚在一起时，可以去做一些你们以前没有做过的事情。如果你们之前总是在家里玩，建议下次可以去公园、电影院或其他有趣的地方。这样，你可能会发现还有很多新的让你们都感兴趣的事情。

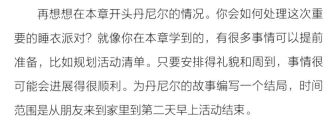

 你会怎么做？

再想想在本章开头丹尼尔的情况。你会如何处理这次重要的睡衣派对？就像你在本章学到的，有很多事情可以提前准备，比如规划活动清单。只要安排得礼貌和周到，事情很可能会进展得很顺利。为丹尼尔的故事编写一个结局，时间范围是从朋友来到家里到第二天早上活动结束。

快速测验

通过这个测验来看看你在本章学到了什么。

请你根据下列情况做出判断,并在下列语句后打"√"或者"×"。

1. 邀请某人到你家玩是不礼貌的,最好等对方先邀请你。

2. 如果有人邀请你到他 / 她家,那意味着你一进门就可以索要食物。

3. 写感谢信是表达去朋友家做客很开心的好方法。

4. 当你的朋友来到你家时,他 / 她应该总是让你选择游戏。

5. 表示你玩得很开心的好方法是在地板上扑倒,哭着求对方要玩更久的时间。

看看你的表现如何。

1. 错误。要积极主动,成为第一个发出邀请的人。

2. 错误。最好等别人问你"有什么需要"的时候——这样更有礼貌。

3. 正确。感谢信总是一个好方法。

4. 错误。作为东道主,让你的朋友选择第一个想玩的游戏更礼貌。

5. 错误。实际上,这是一个让你不再被邀请的好方法!

True or False?

06

第六章
自闭症、多动症和其他
情况如何影响友谊

　　麦克今年 9 岁，当他开始新学年的时候，对交新朋友感到非常兴奋。他和班上遇到的每个人说话，特别是像在午餐这样的休息时间。麦克甚至在老师讲话时也说话，而且在其他孩子讲故事时打断他们。在课间休息时，他有点过于粗暴，为了好玩推其他孩子。他没有意识到他们不喜欢被推。很快，其他孩子开始避开麦克。他想知道自己做错了什么。

你会怎么做？

麦克似乎很难控制自己，这影响到了他的友谊。你会给他什么建议？你会在本章找到一些建议。在本章末尾，你将有机会为他的故事编写一个更快乐的结局。

很多孩子都有交朋友的困难，但是有些孩子是因为有特殊的问题（有时被称为"障碍"）使得交友更加困难。本章解释了一些常见的障碍，以及你能做些什么来帮助这些孩子。只有专业的医生才能判断某人是否有障碍。如果在读完这章后，你认为你（或你的一个朋友）可能有这些障碍之一，要和你的爸爸妈妈或者学校的心理咨询师聊聊。

影响友谊的一些障碍

"障碍"只是问题的一个花哨说法。一些孩子有影响他们表现和情感的问题。不仅仅是孩子，成年人也有障碍。一些有障碍的人服用药物来帮助自己，其他人通过和咨询师谈话来寻求帮助，有些人两者都做。

以下是一些常见的障碍。

多动症（ADHD）

多动症，也叫注意力缺陷多动障碍，它让人很难保持专注。通常，这些人过于活跃，很难安静下来。他们说话和做事不考虑后果。他们似乎说话太多，总打断别人，不听别的孩子说什么，并打扰别人。这些事情可能会让别人感到烦恼。有多动症的孩子行为有些混乱，所以对他们来说要去安排与朋友的见面时间这样的事情是很难的——他们一直拖延或忘记做，或者他们弄丢了朋友的电话号码，所以没办法打电话给他们。

自闭症谱系障碍

有自闭症的孩子在与其他孩子互动时会有很大的困难。他们难以与人进行眼神交流，无法进行对话，分享兴趣，以及理解他人的感受。他们可能会说出像"我不喜欢你的新发型"这样的话，而根本意识不到这可能会伤害你的感情。患有自闭症的孩子通常不知道如何读懂肢体语言。这意味着他们很难通过观察你的表情来猜测你的感受。所以，他们可能不会意识到你是不是对他们所说的内容感兴趣。即使没有人在听或看起来没人感兴趣，他们可能也会不停地谈论某个话题。

患有这种障碍的孩子可能会说一些奇怪的话——比如，

他们可能会有奇怪的语调或重复你说的每句话。他们在兴奋时可能会猛烈拍手。许多患有自闭症的孩子对某个主题非常感兴趣，比如火车、恐龙或地图，他们会不停地谈论这个主题——即使没有人在听或者别人都不感兴趣。一些患有自闭症的孩子根本不怎么说话或对交朋友没有太多兴趣。

患有自闭症的孩子也倾向于对声音、气味或触觉过度敏感。如果有人说话太大声，他们可能会捂住耳朵，也无法意识到其他孩子可能会把这种行为理解为对他们所说的话不感兴趣。

社交沟通障碍

患有社交沟通障碍的孩子在与其他孩子交谈时，与患有自闭症谱系障碍的孩子有相同的一些问题。他们在处理肢体语言、轮流对话和讲故事方面有困难。他们可能没有意识到孩子们通常与其他孩子的交谈方式与成人不同。对他们来说，理解幽默或笑话可能很难，他们经常过于认真地对待笑话。与患有自闭症的孩子不同，他们不会对声音、气味或触觉过敏，也不会像自闭症孩子那样反复地做一种行为，或者只对某几件事情感兴趣。

抑郁障碍

患有抑郁障碍的孩子，如重度抑郁，通常会感到情绪低落。他们可能会暴躁或易怒，对小事感到不安。他们不想做任何事情，因为似乎没有什么能使他们开心。他们总是在思考消极的想法，做决定很困难，对自己没有太多好感，还总担心最坏的情况发生。比如，他们可能想和你说话或邀请你一起玩，但因为担心你会拒绝，这让他们感到心情糟透了。

双相情感障碍或情绪调节障碍

患有双相情感障碍的孩子情绪波动很大。有时，他们可能很爱开玩笑并感到非常快乐，但下一分钟，他们可能会因为一点小事就生气并开始大喊大叫。

或者他们在某些日子心情很好，在其他日子心情很差或沮丧抑郁。患有情绪调节障碍的孩子非常易怒，并且对小事有强烈的反应。许多患有这些障碍的孩子在学校努力控制自己的脾气，但在家里控制得更困难。当朋友因为一些小事而生气时，这可能对他们来说是非常可怕的体验。

学习障碍（LD）

患有学习障碍的孩子大脑可能有所不同，他们在学习特定科目，如阅读、拼写或数学方面有困难。这使得上学对他们来说更加吃力。他们的成绩可能比较差，他们也可能对自己没有太多好感。这些孩子可能需要花额外的时间做作业或找家教辅导，而不是玩耍或与朋友聚会。

社交焦虑障碍（社交恐惧症）

患有社交焦虑障碍的孩子在社交情境中非常害怕。他们担心其他孩子会对他们有不好的看法，有时候他们会做出非常尴尬的事情，比如说错话。他们通常在熟悉的人面前感到舒服，但在不太熟悉的人面前他们有很多的问题。他们可能会感到热并且出汗，手可能会抖，或者他们可能会感到胃痛或头痛。患有社交焦虑障碍的孩子通常会避免社交情境，这使得结交新朋友变成了很难的事情。

记住，只有医生才能判断某人是否有这些障碍。如果你对其中任何一种障碍有疑问，问问你的妈妈、爸爸、医生或学校的心理咨询师。他们都可能会提供帮助。

成为有障碍孩子的朋友

与有这些障碍的孩子做朋友有时会比较难。可能因为你的这位朋友"与众不同"，其他孩子会取笑你；或者有多动症的朋友忘记给你打电话约你出去玩，或者在你说话时经常打断你，这可能会伤害你的感情；当有双相情感障碍或抑郁症的朋友因为小事非常生气时，这可能会让你感到不安；有社交恐惧症的朋友，因为害怕去人多的地方，而不能和你一起去看电影，你可能会感到难过；有自闭症的朋友只想谈论火车头，和他交流可能会很困难；有学习障碍的朋友放学后需要和家庭教师见面，这意味着和你一起玩耍的时间减少了。

但是，像这些有特殊状况的孩子也想有朋友，就像我们每个人一样。他们也可以成为好朋友。你们可以分享你们感兴趣的事物，一起有很多乐趣。处理这些朋友带来的挑战可以帮助你学会变得更加敏感、成熟和有耐心。为你的朋友挺身而出教会了你什么是勇气，并展示了你的关心。这些都是很棒的品质。

如果你正试图和一个有障碍的人成为朋友，了解更多关于这种障碍的信息，以便你更好地理解对方。当然，首先要得到对方的允许："我想知道你的多动症到底是怎么回事，可以问你吗？"一旦你更好地理解了这种障碍，你就可以在对方需要的时候，更有耐心，更好地提供帮助。下次这位朋友变得过于兴奋时，你就可以提醒自己："哦，那是他的多动症在作怪。"

永远不要让朋友因为他们的障碍或由此出现的行为而感到难受。这样做你可能会失去朋友——而且这也不好。但是如果他们的行为让你不舒服，你应该让他们知道。可以这样说：

* "乔恩，你一直打断我，这让我感到不舒服。你能让我说完吗？"
* "阿莉亚，你不愿意在午餐时和我的朋友们说话，让我感到难过。如果我先给你们介绍一下会不会好一些呢？"
* "莉比，你因为我不小心弄掉了你的包而对我大喊，那真的吓到我了。那只是个意外，但你真的吓到我了。"

如果你的朋友告诉你他/她有障碍，这并不意味着你可以把这件事告诉每个人。也许别人已经知道了，也许他们不知道。但是许多孩子想要保持这些信息的私密性。如果他们告诉了你，他们就是信任你的。如果你不确定是否可以分享，请先问问你的朋友。

如果你是有障碍的一方

如果你是患某种障碍的孩子，你可能需要思考一下是不是要和朋友分享这个信息，这取决于你是不是感觉到舒服和安全。如果你只是刚刚开始了解某人，说出这个信息可能需要谨慎一些。一旦你分享了它，你永远不知道它还会被多少人知道。

但是有障碍并不是需要感到尴尬或羞愧的事情。比如，很多人是左利手，但更多的人是右利手，所以做某些事情对左利手来说更困难。但这是你出生时就有的特点。告诉你的朋友你的情况，可以帮助他们理解为什么你会有麻烦，这甚至可以帮助你们维持友谊。

药物

如果你需要服用药物，请确保按照医生的指示服用。不服用药物可以使你更难控制你的行为。这可能会破坏你建立和保持友谊的努力。如果你不喜欢药物给你带来的感觉，那也请和你的医生讨论这件事。

虽然有障碍会使建立友谊的过程更难，但不要放弃。这只意味着你必须比其他人多付出一点努力。你可能需要更加努力地控制自己。

了解你的障碍可能会造成的一些困难是很重要的。这样，当问题出现时，你会知道为什么。虽然有障碍可以帮助解释你的行为，但它不是行为失控或伤害别人的借口。如果你犯了错，承担起责任，必要时请道歉。

这里有一些不太好的处理方式，还有一些更好的方式，供你参考。

* **不太好的方式**："哎呀！那是我的多动症在作怪，不是我的错。"

* **更好的方式**："对不起我变得太兴奋了。我在一天结束时，经常会变成这样。"

* **不太好的方式**："你知道我经常生气——为什么你不让我先来呢？"

* **更好的方式**："对不起，我对你大喊大叫。我有时会反应过激。我试图不那样做，但有时很难。"

你会怎么做？

回想一下本章开始时的麦克。他的多动症正在影响他与其他孩子的相处。如果你是麦克的朋友，你会怎么帮助他？如果你是麦克，你会尝试什么不同的方法？创编一个故事，其中一个朋友和麦克讨论他的多动症并帮助他改善他的社交技能。

快速测验

那么，让我们看看你在这一章中学到了什么。

请你根据下列情况做出判断，并在下列语句后打"√"或者"×"。

1. 和有障碍的孩子做朋友太麻烦了，不值得。

2. 了解你朋友的障碍可以帮助你更加理解你的朋友。

3. 如果你有障碍，告诉你的朋友是没有任何帮助的。

4. 如果你有像多动症这样的障碍，你可以随心所欲地行动。毕竟，那只是你的多动症让你这样做的。

看看你的表现如何。

1. 错误。有障碍的孩子可以成为很好的朋友。而且，通过与有障碍的朋友交往，你可以学到新技能。

2. 正确。学会更加理解他人是一个很好的社交技能。

3. 错误。如果你有障碍，告诉或不告诉朋友都取决于你。这可能帮助你的朋友更好地理解你。

4. 错误。你要始终对你的行为负责。

True or False?

07

第七章
如何处理争吵、伤心和
其他友谊问题

莎拉和穆里尔一直都是朋友。她们一起玩耍，经常一起共进午餐。然而，莎拉刚发现穆里尔没有邀请她参加自己12岁生日的过夜派对。莎拉感到很受伤，想知道自己是不是做错了什么。最近，她和穆里尔的交谈比以前少了。莎拉想要和穆里尔谈谈，但害怕这会让她不高兴。她也担心如果直接去问穆里尔"为什么"，自己会得到一个不想听到的答案。

你会怎么做?

你会和穆里尔提起这件事吗？还是会问你的其他朋友他们怎么看？你会假装什么都没发生吗？阅读这一章时想想这些问题。在本章末尾，你将有机会为这个故事编写一个结局。

所有的友谊有时都会遇到问题——这是正常的。就像你可能不会一直和家里的每个人都相处得很好一样，你也不可能一直和你的朋友相处得很好。即使这种冲突是正常的，但这也并不意味着你可以忽视出现的问题，期望一切都会自己好起来。事实上，你处理受伤心情、争吵或争论的方式可能会决定你是解决了问题还是失去了一段友谊。

到底发生了什么?

朋友之间的冲突很多时候是由误解引起的。也许当你的朋友没有回复你的电话或短信时，你会感到被拒绝。其实，对方并没有故意不理你，但这仍然让你感到受伤。一些时候，你的朋友可能在学校避开你。有时朋友们会因为游戏的规则，甚至是选择哪个游戏来玩而和你争吵。没有人试图刻意伤害，但感情还是会受到伤害。有时人们在做事时不会考虑可能会发生什么，或者他们的行为将如何影响他人。

如果你因为朋友做的事情感到受伤，不要认为他 / 她是故意要伤害你。这可能是一个意外，或者你的朋友没有考虑到你会怎么想，或者你的朋友那天心情不好——我们都有那样的时候。

当然，有可能你的朋友对你生气了。但除非你去问问，否则你不会知道你的朋友是怎么想的，不要胡乱猜测。这经常是处理冲突中最难的部分。你会想，我应该提出来吗？我该打电话还是发短信？我应该等我们再见面时谈吗？我很生气——我应该大声吼叫吗？告诉其他朋友他 / 她做了什么？自己默默承受？也许只是要避开他 / 她？

当你做决定之前，先问自己一些问题。这些问题可以帮助你思考该怎么做。

* **这件事有多严重？** 如果只是一件小事，最好第一次就放过它。

* **这经常发生吗？** 如果经常发生，它可能正在伤害你的友谊，值得讨论。

* **你是否因为生气而避开你的朋友？** 避开朋友不会解决任

何问题，相反可能会让事情变得更糟。如果你在避开你的朋友，这也有积极意义，说明是时候去谈谈了。

* 这段友谊对你有多重要？如果这位朋友对你非常重要，那就值得努力解决。

如果你有问题需要解决，最好是亲自和你的朋友谈。问题越大，面对面谈越重要。不要在其他人面前做这件事——这可能会让人尴尬。其他人可能会给你们两个人施加压力，使你们表现得和平时不一样。例如，你的朋友可能会为了看起来酷酷的，而表现得像他/她很生气，即使他/她内心真的想和好。

> "如果我和一个朋友有问题，我会尽量在事情发生后立即解决。这样，我就不会让它妨碍我们的友谊。"
>
> ——12岁女孩

尽管你可能非常愤怒，也不要留下愤怒的信息，如：发送愤怒的短信或电子邮件。一旦你发送出去，就无法收回。也不要在网上发布，比如在微信朋友圈、微博上。一旦你这么做，每个人都可以看到你说的话。这可能会更伤害你的朋友——并让你看起来很糟糕。另外，在网络上发言，你无法看到你朋友的反应，这使得说出伤害性的话更容易。试着想想你是否会当面对朋友说这些话。如果你不会，那么通过短信或在线说它也不是个好主意。

通过对话解决

无论你们争论的原因是什么，解决争论是维持友谊最重要的课题之一。冲突发生了，学习处理它们，这会对你以后的生活很有帮助！解决冲突不仅可以挽救友谊，还可以帮助你学到一项重要的生活技能。

当你准备好处理冲突时，找一个合适的时间与朋友谈谈。不要在朋友匆忙赶去上课、正在做别的事情或追赶公交车时

去谈。找一个合适的时间，问你的朋友："你有几分钟时间吗？我想和你谈一些重要的事情。"

> **试一试！**
>
> 谈论问题可能很严肃。即使是成年人有时也很难做到这一点。如果你担心无法解决冲突，可以在面对你的朋友之前先写下你想说的话。另一个选择是和家庭成员先练习如何表达。

你会说什么？最好使用我给你的提示——当你通过使用"我感觉"或"我感到"等词来分享你的感受时，再添加一个感觉词，如不安、生气、伤心、受伤，你就能让另一个人知道了你的感受。这比指责你的朋友做了什么或指出他/她做错了什么要好得多。当你指责时，你可能会说"你在体育课上总是忽视我"这样的话。如果你这么做，你的朋友可能会觉得不公平，并对你生气，这只会导致争吵。相反，使用以"我"开头的对话就会降低攻击性："当你在体育课上忽视我时，我感到很难过。"

这里有几个与朋友讨论冲突的例子。注意说话者如何使用以"我"开头的语句来谈论自己的感受，而并没有指责他们的朋友做了什么。

* "嘿，迈尔，我能和你谈一件事吗？当你没有邀请我参加你的派对时，我感到非常难过，我不明白为什么你不邀请我。我做错了什么吗？"
* "格兰特，当你在足球场上当着其他人的面取笑我时，我真的感到很困扰。我感到不安，我不明白你为什么要这么对我。你对我生气了吗？"

在这两个例子中，说话者解释了他们为什么感到不安，并让另一方知道他们愿意承担一些责任。这使得另一方更有可能去讨论问题。如果你承担一些责任，你的朋友也可能会这么做。顺便说一句，这也适用于家庭成员！

当你和你的朋友谈话时，确保你的语气尊重和平静。这会得到比喊叫、责骂或贬低你的朋友更好的反应。

* 不太好的方式："昨天你是怎么对我的，你真是个混蛋！我气疯了。"
* 更好的方式："贾斯汀，我对你昨天对我的方式感到非常不安。我们能谈一谈吗？"

告诉朋友你的感受只是第一步。同样重要的是听你的朋友说什么。你的朋友一开始可能会生气并指责你。他／她可能会提到你让他／她生气的原因。当然，你的朋友也可能会因为让你不开心而感到非常难过并道歉。无论哪种方式，都要仔细倾听并尽量保持开放的态度。如果你打断或不听你朋友说话，你就不会理解他 / 她的感受。

当你的朋友是那个不开心的人

如果你的朋友对你不高兴并且想谈谈，你能做的最好的事情就是倾听。即使你之前做的事情是个意外，或者你没意识到你是在伤害他 / 她，也要听听你的朋友说什么，为你在冲突中的不恰当行为道歉，并让你的朋友知道你不会再这么做了。这是唯一能让你的朋友感觉好一点的方式，而帮助他 / 她感觉好一点也是恢复友谊的唯一方式。

即使你认为自己没有责任，道歉也可以帮助你们修复关系。道歉是为了让你的朋友感觉更好——不仅仅是承认错误。道歉时，注意三个步骤：表达歉意，说明做错了什么，承诺不再这么做。

* **弗兰科**：我真的不喜欢你前几天取笑刚理完发的我像个书呆子的事情。
* **泰勒**：对不起，弗兰科。我只是想搞笑。我不是故意想伤害你的感情的。我不会再这样做了。

当你道歉时，确保你的话听起来是真诚的。否则，你的朋友会知道你在假装。

当然，有时候仅仅道歉是不够的。如果你伤害了你的朋友，你需要在以后更加小心。这是表现出你的关心，并且避免再次伤害朋友的好方法。例如，如果你的朋友在你取笑他／她的着装时生气了，请你承诺不再这样做，并且遵守你的承诺。

没关系——让它过去吧。

"偷走"朋友

有些孩子抱怨其他孩子"偷走"了他们的朋友。当有新人出现并花很多时间和你的朋友在一起，把你"晾"在一边时，谁都会感到不安！但事实是，没人可以"偷走"你的朋友，因为朋友不属于任何人。我们不拥有我们的朋友。如果你的朋友开始和其他人花很多时间并且把你排除在外，和你的朋友谈谈，注意保持冷静和尊重。你可以这样说：

"奥利维亚，当你和萨努拉在一起花那么多时间而不是和我在一起时，我感到很失落。我感觉你不想成为我的朋友了，这让我很难过。"

原谅

原谅意味着停止对某人生气，并且放下受伤或被冤枉的感觉。当你原谅某人时，你愿意接受对方的道歉，并且也会为自己做得不好的地方道歉。你决定让这件事情过去。当你决定原谅时，你把一个严重的冲突转化成了可以帮助对方变得更好的机会。当然，原谅有时候很难做到——甚至比道歉还要难。要记住的一件事是，没有人是完美的。我们都会犯错，有时我们会不小心伤害我们最亲近的朋友。互相原谅有两个很大的好处：第一是可以防止你们的友谊因为冲突而终结；第二，它还可以让你们的友谊更坚固！

"有一次，我和一个朋友吵架了。我们在午餐时玩了一个游戏，我不小心把她的饮料打翻在地上。她非常生气，我们争论了起来。我们都感到很难过。后来，我们都说了对不起，又恢复了友谊。"

——10 岁女孩

解决问题

在道歉和原谅之后，还有一件事要做——解决问题。如果你们的问题是因为误解产生的，你和你的朋友可以想出一个方法来防止这种情况再次发生。也许你承诺下次看到对方的电话就赶快回复，或者不再取笑你朋友的午餐盒。还有，你的朋友承诺在午餐时为你腾出更多的聊天时间。处理冲突的一部分是要找出以后不会再伤害感情的方法。

你处理冲突的方式可能决定了你将会继续拥有朋友，还是失去朋友。当你们和解时，保持尊重并注意你的语气。即使你仍然心烦意乱，还是要试着保持冷静。大声喊叫或争论可能会破坏挽救友谊的机会。

不友好的方式：

* "你疯了！"

* "那太疯狂了——你怎么能那样想？"

* "那太蠢了！"

友好的方式：

* "你为什么这么认为？"

* "我有不同的看法。"

* "我不同意。想听听我的观点吗？"

* "我从没那样想过——我得思考一下。"

有时候，暂时停止对这个问题的讨论是有帮助的。如果你今天无法解决它，就告诉你的朋友："我们暂时放下这个问题，也许我们明天能解决它。"暂停给了你更多时间冷静下来，从你朋友的角度看问题。如果你考虑如何通过改变自己的行为来解决问题，而不是只注意对方要改变什么，你就更有可能解决问题。因为，友谊是双向的。

如果你尽了最大努力解决你和朋友之间的问题，但似乎没什么效果，那就是求助成人的时候了。父母、老师或者其他你信任的成人都有可能会帮助你。

这里有一些请求帮助的方法：

* "嘿，爸爸，您能帮忙吗？我和朋友有个分歧，我们似乎解决不了。"

* "李老师，我和尼莎在午餐时发生了矛盾，我们一直争吵。您能帮助我们解决吗？"

如果你和你的朋友能够很好地处理你们之间的冲突，你们可能会成为比以前更好的朋友。毕竟，通过解决冲突要付出的"艰苦努力"向你的朋友展示了这段友谊对你来说有多重要。通过解决问题，你甚至可能了解到你朋友身上更多的闪光点！

 你会怎么做？

让我们回到本章开头的莎拉和穆里尔。莎拉感觉她和穆里尔的友谊正在消逝，但她没有采取任何行动。你认为她能做些什么？制订一个计划帮助她解决这个问题。

快速测验

准备好了吗？请完成这一章的测验。

请你根据下列情况做出判断，并在下列语句后打"√"或者"×"。

1. 许多人在和朋友谈论友谊问题时会感到紧张。

2. 如果你和朋友产生矛盾，面对面与朋友交谈比较好。

3. 当你伤害了朋友的感情时，道歉非常重要。

4. 当你原谅某人时，就好像冲突从未发生过一样。

请检查一下你做得怎么样。

1. 正确。很多人都会紧张地提出问题，但练习可以使其变得更容易。

2. 正确。这比短信或电话交谈更好，因为你可以看到对方的反应。这样做也更难说出伤人的话。

3. 正确。这是帮助你的朋友感觉更好的最佳方式。

4. 错误！但原谅确实是一个让你的朋友和你自己感觉更好的不错的方法。

True or False?

第八章
当友谊结束时

马克上四年级，罗伯托上五年级，他们成为最好的朋友已经很长时间了。他们几乎每天都在一起，骑自行车，打篮球，在小溪边的泥沙里玩玩具士兵。后来，一些篮球打得更好的大孩子搬进了社区。罗伯托开始更多地和他们一起出去，不再到马克家去玩。现在，马克去篮球场想加入他们，但其他孩子经常告诉马克他们已经有足够的人打球了。马克想念和罗伯托一起出去玩的日子。最近他常常一个人在家里玩，他想知道他是否做错了什么，或者他能做些什么再次和罗伯托成为好朋友。

你会怎么做?

你会和罗伯托谈谈你的感受还是就这样让友谊慢慢消失? 读完这一章后, 你将有机会重新思考这个故事并创造一个结局。

如果你幸运的话, 你童年时期建立的一些友谊会持续一生。但是, 很多友谊并不会那么长久。通常, 你们会渐行渐远——你们没有那么多共同点了, 越来越少地聚在一起, 或者有人搬家了。还有一些友谊因为双方大部分时间都在争吵而结束。这种"分手"可能很困难, 但每个人都会遇到。

友谊为什么会结束?

友谊会因为许多原因结束。随着年龄的增长, 人们可能会遇到新的朋友或发展新的兴趣。改变是成长的一部分, 有时它导致你和你的老朋友没有那么多共同点。你可能注意到, 你们在一起和以前相比, 不再那么开心了。

也许你在足球队、兴趣班, 或者在班上曾经和一个人很亲近，但是当足球赛季或学年结束时，你们就不再那么经常见面了。这使得维持友谊变得更加难。你或你的朋友可能不会继续付出努力来维持这一段友谊。

　　搬家是友谊结束最常见的原因之一。当然，现在通讯越来越发达，当你们住得太远没办法见面的时候，保持联系也不是难事。也许你还有机会去看你的朋友，虽然频率会大大降低。你们还可以发短信、发邮件、发微信，甚至进行视频通话。尽管如此，这还是需要大量的努力，一旦你们开始交到新朋友，可能就对旧的友情失去兴趣。如果这一段友谊对你很重要，你将不得不付出更多的努力来保持联系。

> "我的一个朋友起初是个好学生。后来她开始变得很坏，惹麻烦，并且怂恿我做坏事。我不喜欢这样。我觉得我们不能再做朋友了。"
>
> ——9岁女孩

　　有时候友谊结束是因为一方开始频繁惹麻烦，而另一方不愿意这么做。如果你的朋友撒谎、作弊、偷窃，或开始伤害/欺凌他人，你可能就会决定不再跟对方做朋友了。你的父母也可能抱怨这位朋友对你有不良影响。和做出坏选择的人在一起，使你更有可能开始做坏事。对他人有害的孩子，更有可能在长大成青少年的时候出现违法、犯罪行为。你可以尝试帮助你的朋友远离这种行为。如果他/她不想改变，最好就让这段友谊结束。

有些友谊是单方面的。这意味着一方为维持友谊做出了比另一方更多的努力。也许你不断给你的朋友打电话，想要聚在一起，但他／她从不给你回电话。或者有人只在夏天想和你做朋友，因为你住在一个非常酷的公园旁边。其他时间，他／她忽略你。这对你不公平。

你的友谊也可能会因为和你的朋友吵架而结束。如果你们中的一方做了伤害对方的事情——比如你的朋友散布了关于你的恶意谣言——这可能导致一场难以解决的争执。另外，恶意的嘲笑也可能导致争吵。有时，即使在体育活动或游戏中的竞争也能引发争斗。大多数时候，争吵是可以解决的。你和你的朋友互相道歉，并承诺下次不再这样做了。但有时候争斗太严重了，你们真的不能继续做朋友了。

结束友谊的迹象

往往，我们很难知道是否该结束一段友谊。一种搞清楚这个问题的方法是：看维持友谊所需的努力是否超过了友谊本身的价值。例如，如果你们总是争吵，这就让做朋友失去了乐趣。或者如果你们的友谊让你更多感到的是烦恼而不是快乐——尤其是如果同样的问题一次又一次地发生而没有任何改善——你可能就会考虑结束这段友谊。

以下是决定是否要继续与某人做朋友时，要寻找的一些重要迹象。如果你的朋友做了以下一件或多件事情，可能意味着这段友谊对你来说不是一个好的选择。

- 说谎。如果你的朋友对你说谎，尤其是不止一次发生，这意味着你不能信任他/她。

- 偷窃。也许你邀请一个朋友到你家，后来发现他/她偷了你的东西。与说谎一样，这意味着你不能信任这个人，你可能不想保持这种友谊。

- 散布你的私人信息。如果你的朋友告诉其他人你的个人信息，比如你的暗恋对象或一些尴尬的事情，自然会让你感到受伤。不尊重你个人信息的朋友不太可能改变。

- 不花时间和你在一起。如果每次你邀请一个朋友一起玩，答案总是否，那可能意味着你的朋友对你不是很感兴趣。这很伤人，有时结束这样的友谊是停止受伤的最好方式。

- 不断地破坏承诺。经常破坏承诺的朋友是你不能依靠的人。

- 伤害、嘲笑或欺凌你。几乎所有的朋友都会吵架，甚至偶尔会变成肢体冲突。你与朋友和好，然后友谊继续前进。友好的嘲笑和玩笑也是可以的——幽默感是友谊中一个宝贵的特质。但如果你的朋友经常伤害你、嘲笑你，或打骂你，即使你告诉他不要这样做也不会停止，那他实际上并不是你真正的朋友。

- **让你做坏事。**如果你的朋友试图让你偷窃、撒谎、伤害
  他人或尝试毒品或酒精，他 / 她就不是一个好朋友和安全
  的人！去和一个你信任的成年人聊聊这件事。

如果你的朋友做了任何这些事情，这是一个明显的信
号——可能是时候结束这段友谊了。但如果这个人曾经是一
个真正的朋友，你可能想给他 / 她一个机会来解决这个问题
或者道歉。每个人都会犯错误。也许通过解决问题，你们可
以继续做朋友，或者你可能会发现友谊必须结束，那就让它
结束。

是时候谈谈了

和朋友谈论自己的感受，特别是当你对他们不满时，可能很难。很多人不喜欢冲突。避免与对方见面或者直接结束友谊似乎更容易，而不是谈论它。但如果你和你的朋友之间有问题，最好的做法是和他 / 她谈谈——尤其是如果你正在考虑结束友谊时。随意地换掉你的朋友，这会让对方很困惑，这样做是不公平的。

如果你想试着结束这段友谊，让对方知道你对这段友情的感受。可以把它想象成一个"友谊检查"。以下是一些你可以开启对话的方式：

* "嘿，德希，你有时间吗？我觉得我们不像以前那样经常出去玩了。我希望我们还能继续出去玩，不知道你是否也这么想。"

* "莱昂娜，我可以和你谈谈吗？当你在午餐时间不和我说话时，我真的感到被排斥在外——看起来你只和你的其他朋友说话。到底发生了什么？"

* "嘿，雅各布，我们能谈谈吗？为什么每次我给你打电话你都不回？这让我感觉你不想和我再做朋友了。这是真的吗？"

如果你的朋友说他 / 她为伤害了你的感受而道歉或解释了他 / 她为什么那样做，你可能会开始感觉这件事情在好转。太棒了！通过鼓起勇气和你的朋友谈论一些重要的事情，你挽救了友谊。

但有时这还不够。也许你发现你的朋友在道歉时是真心诚意的，也许他／她在说不再这样做之后还在继续伤害你。也许你的朋友做的事情让你非常不安，以至于你无法让它过去并原谅对方。或者也许你的朋友否认做了那些你说的事情，甚至当你提出时，他／她就生气了。这可能意味着友谊正在结束。

有些孩子发现制作表格可以帮助他们决定是否结束一段友谊。表格看起来像这样：

和珍妮特保持友谊的原因	和珍妮特结束友谊的原因
我们在一起还是有一些快乐的时光。	她从不给我打电话。
我们住在同一条街上。	她经常取消我们一起玩的计划。
我们有很多相同的朋友。	她嘲笑我。

在表格的两边列出原因后，圈出对你来说最重要的原因。这可以让你决定是否继续做朋友变得更容易。如果你还是不确定，那就与你信任的父母或另一个朋友分享你的表格，看看他们是否有任何想法可以帮助你做决定。

你是伤害别人的那个人吗？

总是有可能，因为你伤害了朋友的感情或做了一些事情让朋友不高兴而没有意识到，你的朋友开始远离你。也许你的朋友害怕提出来。如果你注意到你的朋友似乎不高兴或似乎总在避开你，去问问他／她。也许这是你可以修复的东西。

怎么做？只需要问："我做错了什么？"或"我做了什么让你不高兴？"你的朋友可能一开始会否认，你可以再问一次："你确定吗？"很多人害怕告诉别人他们感到很受伤，再次询问可能足以让你的朋友向你袒露心扉。

如果你的朋友告诉你，你伤害了他／她的感受，重要的是要承认你所做的——即使你认为那没什么大不了的。如果你说"那是很久以前的事了"或者"好像没发生过这件事吧"，还包括"你需要克服它"这样的话，对你们的关系不会有任何帮助。因为，这些话直接忽视了你朋友的感受。

相反，让你的朋友知道你很抱歉，你仍然想与他／她做朋友，并且你会尽力不让这件事再发生。解释为什么你当时会做那样的事情，并且让你的朋友知道你不是故意的，但首先要道歉：

* "哦，糟糕，我真的很抱歉！我不是故意的。谢谢你告诉我，我希望你能原谅我。"
* "哇，我感觉很糟，我很抱歉。我以为你在开玩笑，我真的很高兴你和我谈了这件事。"

正如你在上一章中学到的，能够做到原谅，是任何一段关系（包括友情）中的一个重要品质。如果你的朋友不能原谅你，那你们将很难继续做朋友，因为有人"怀恨在心"。

当然，如果你道歉，但继续做同样的事情，你的朋友也不会再信任你。

结束一段友谊

大多数友谊不是以双方决定"分手"结束的。更常见的是，友谊就这样慢慢消逝了。它可能发生在一场冲突之后，或者在你指出朋友做了一些伤害你的事情之后。你们有过一次谈话，然后事情改变了，你们的友谊自然变淡了。你们停止打电话或花时间在一起，你开始继续自己的生活。如果发生这种情况，而你的朋友继续保持距离，你可能只想让友情就这么过去。

但如果你已经决定结束这段友谊，而你的朋友继续询问为什么你不再想一起出去玩，你的朋友有权知道原因。告诉他／她可能很难做到，但这可以帮助你们两个人为这段友谊画上句号。向你的朋友解释为什么你要结束这段友谊，尝试诚实但不伤害。你们可能不再是朋友，但对方仍然是一个有感情的人。尝试轻轻地放下他／她。

有时，朋友会试图说服你留下来，但如果你有充分的理由结束友谊，坚定地坚持下去。你可以保持亲切和尊重，同时提醒对方你结束它的原因。以下是如何做到这一点的方法：

* "我明白你想继续和我做朋友，我承认我们一起度过了一些美好的时光，但我不想和那些只在某些时候喜欢我的人做朋友。"
* "我无法忍受朋友对我撒谎，那不是朋友应该做的。"
* "对不起，比利。我决定不想再和你做朋友了。我不想因为你所做的那些事情，比如逃学和偷窃，而被卷入其中。"
* "我只是不想再和你做朋友了。我很抱歉，但我已经下定决心了。"

友谊结束后，你们可能仍然有时会看到对方。当你们遇到时，说声"你好"并保持礼貌。如果别人问你们为什么不再是朋友，尽量不要说对方的坏话，可以说："事情没有解决。"一开始你可能感觉非常不舒服，但随着时间的推移，它会变得更容易。既使不做朋友了，也不要在对方背后说他／她的坏话或分享关于他／她的私人事情。

如果你们在同一个朋友圈中，事情可能会变得比较复杂。如果你结束了与一个小组中某个成员的友谊，你不能期望其他人都这样做。这意味着你在和小组出去活动时会看到你曾经的朋友。这对你来说可能有些尴尬。如果是这样，考虑花更多时间与小组外的朋友在一起。让大家知道为什么他们可能不会在这段时间经常看到你。

未来是否有可能再次成为朋友？

这取决于你。人和情况会改变，去年导致友谊问题的事情今年可能看起来不那么糟糕。如果你想念你的朋友并看到他/她积极的变化，你可能想给这段友谊另一个机会。如果你的朋友之前没有道歉，但后来说他/她很抱歉，这可能是他/她用积极的方式改变的一个迹象。但是，对于这样的表现，你仍然需要谨慎。不要因为你还没有其他朋友，再去和伤害过你的人重新成为朋友。如果你不确定是否应该尝试再次和对方成为朋友，询问你的其他朋友或你信任的大人。他们也许能帮你做出一个好决定。

当别人结束与你的友谊时

如果有人提出要结束与你的友谊，那真的很糟糕。无论你的朋友是否和你谈过，还是只单方面停止打电话和相聚，你可能会感到生气、受伤、困惑或悲伤——或者这些都有。是的，这很糟糕，很

"我一个非常好的朋友有一天就突然不再和我是朋友了。起初我感到困惑，但我想她需要一些独处的时间，所以我只是结交了其他朋友。我仍然会和她打招呼什么的，但我们不再亲近了。"

——12岁女孩

困难，也很悲伤。也可能当时你不会有这种感觉，但你总会交到新朋友。

如果你愿意，找信任的人倾诉可以帮助你更快地愈合。你可以和父母或另一个成年人谈谈。你甚至可以和你信任的朋友或兄弟姐妹谈谈。写日记也是很有用的。如果你准备好了，可以静下心来想想友谊中出了什么问题，并且搞清楚做些什么下次会变得更好。重新阅读这本书来获得一些灵感。

通常，最好的做法是花更多时间与其他朋友在一起。你会在一段时间内感到很难过，但与其他朋友联系可以帮助你舒缓这种感受。

你会怎么做？

再回头看看本章开始时马克的故事。看起来马克应该和罗伯托谈谈，了解到底发生了什么。你认为马克可以说什么？罗伯托会说什么？罗伯托知道自己忽视马克了吗？为这个故事编写两个不同的结局——一个是双方和解，另一个是友谊结束。

快速测验

快速做一下本章测验，看看你学到了多少。

请你根据下列情况做出判断，并在下列语句后打"√"或者"×"。

1. 友谊有时会因为生活变化和疏远而结束。

2. 最好离开让你不满意的朋友，而不是与对方争论你们的分歧。

3. 如果你们停止做朋友，你就不再需要对他／她友好。

4. 如果你的朋友真的对你很坏，告诉每个人他／她尴尬的小秘密来报复他／她。

看看你的表现如何。

1. 正确。不是每个人都适合永远做朋友。

2. 错误。首先讨论分歧是一个有效的社交技能，可以挽救友谊。

3. 错误。即使不再做朋友，你也可以保持尊重。

4. 错误。绝不要在友谊结束后说对方的坏话。那会很卑鄙，也会让你看起来很糟糕。想想如果有人那样对你会怎样。

True or False?

第九章
成为你能做到的最佳朋友

  小卡罗琳今年 13 岁，她最近很忙，每周有两次篮球训练和每个星期六的比赛。她是青年社团的带头人，所以她正在帮助策划冬令营结营仪式。她还在为学校的拼写比赛做准备——她真的很想赢得今年的比赛，进入地区决赛。除此之外，卡罗琳还花了很多时间和朋友们在一起。

  有这么多事情要做，卡罗琳就没有注意到她的朋友菲娜感到很孤独。菲娜最好的朋友最近转学了，所以她再也见不到朋友了。菲娜也没有和其他孩子建立联系。她没有参加任何体育项目或活动，所以她在学校经常一个人玩自己的智能手机。现在卡罗琳意识到了这个问题，她想："我希望我能帮助她——但怎么帮呢？"

> **（?）你会怎么做？**
>
> 如果你是卡罗琳，你会尝试帮助菲娜变得更快乐吗？还是让她自己想办法？如果你想帮她，你会怎么做？在这一章的结尾，你将有机会重新审视这个故事并编写一个结局。

这本书讲的都是关于结交朋友、做朋友和保持友谊的技巧。它提供了很多帮助你成为一个好朋友的建议，但你可以做得更多。你可以成为一个领袖——那种让人们钦佩的人。任何人都可以成为领袖——真的！而且这不取决于你是否受欢迎、聪明、漂亮、富有或者擅长体育。你只需要友好和慷慨，有时还需要点勇气，你会不断地寻找如何帮助别人的正确方法。这一章会告诉你如何做到这些。

包容他人

不是每个人都擅长结交朋友。有些人起初可能太害羞，无法开始和他们不认识的人交谈。你可能在学校、社区、你的兴趣班或俱乐部、你的学习小组中认识这样的人。现在你已经学会了如何交朋友，你可以主动接触那些在交朋友上有困难的孩子。

下次如果你发现有人独自玩耍或没有被团体接纳，你可以邀请那个人加入你正在做的任何事情。如果你在操场上玩夺旗游戏，却发现有人独自一人，你可以问："嘿，你想加入我们吗？"如果对方说"想"，那就一定要把他／她介绍给和你一起玩的孩子们。如果你的老师希望你们班分成小组来做活动，也可以考虑邀请那个总是被忽略的孩子。几乎每个班都有这样的人。因为你知道"总是被忽略的感觉"真的很糟糕。如果有人总是在公交车上或餐厅里独自坐着，你可以坐在他／她旁边。

你可能只是想通过接纳别人，让他们感到开心。当你带头帮助他人融入时，其他孩子可能也会做同样的事情。

组织活动

组织活动可能需要做很多工作，比如收集大家的电话号码或电子邮箱地址，与大家的父母沟通，还包括处理其他一切必要的事情。但如果没有人去做，你们就永远也无法开展精彩的团体活动。也许你和你的朋友们认为，在寒假的某天去滑雪会很有趣。确实会！但如果没有人组织，你们就永远也不会知道怎么组织。为什么不由你来组织呢？如果你这么做，你就给大家提供了享受乐趣的机会。你的朋友们可能会很感激你。

　　成为一个组织者并不难，方法如下：

1. 想出一个点子。和你的朋友们讨论，看看大家对什么感兴趣。一些想法包括去看电影或游乐园，玩滑板或骑自行车，举行睡衣派对，去打球，玩棋盘游戏，唱卡拉OK，或者只是聊天。也许还可以是一场大型的电子游戏循环赛！

2. 收集大家的电话号码或电子邮箱地址，这样你就可以联系到每个人。

3. 询问你的家人，看看哪天、哪个时间对于举办活动来说是合适的。为了防止忘记，可以借助日历。

4. 给大家打电话邀请他们。你可能想先从一个较小的团体开始，比如小组。

记住，你总是可以请求父母或其他家庭成员的帮助。你的父母可能想直接和你朋友的父母交流，以安排活动。

当你为朋友们组织一次有趣的活动时，他们可能会以不同的方式看待你。他们可能会开始将你视为一个领袖。

互相介绍

也许你在学校有一些朋友，在跆拳道课上有一些朋友，在跳舞课上有一些朋友，在你的社区有一些朋友，在夏令营中还有一些朋友。这些朋友可能会有一些重叠——比如你最好的朋友在学校也是你棒球队的二垒手——但这些朋友中大多数可能不认识彼此，不过他们都认识你。如果他们喜欢你，他们可能也会喜欢彼此。

为什么不邀请几个来自不同群体的孩子一起做些事情

呢？这样，你就可以帮助你的朋友们结交更多的朋友——你也可能因此结交新朋友或加深友谊。即使是已经认识的朋友，通过这种方式也可能以不同的方式互相了解。你可能会发现你们有更多的共同点和更多进行有趣活动的机会。

另一种帮助你的朋友们的方式是，当你有机会时，简单地介绍他们认识彼此。也许你正在学校和一个朋友谈话，然后你了解到社区的另一个朋友也在附近，叫他过来，并介绍两位朋友认识。这样做不仅很有礼貌，你的朋友们可能也会因此成为朋友。

志愿服务

另一种建立友谊的超级方式是帮助别人。人们喜欢和乐于助人的人在一起。志愿服务也让人感觉很好。

你可以通过一些小事帮助别人，比如为生病的同学记笔记、带回家作业。你也可以做一些需要付出更多的事情，以提供帮助。如果你擅长数学，你可以主动提出帮助那些在数学学习中遇到困难的人。问问你的学校辅导员是否有学生需要帮助。如果你的足球队友射门的技术不佳，你可以提出一起练习。

你甚至可以在社区中提供帮助。通过公益活动的形式清理你的社区，并且为山区的孩子进行物资募捐。你不仅可以结交新朋友，还可以做善事。你可以通过询问老师、团队组织者或家长，让他们帮你联系志愿者组织，开启某项公益活动。有很多机会让你进行志愿服务。你可以在动物收容所、社区花园或厨房做助理，或是组织一个家庭作业帮助俱乐部，或给年幼的孩子们阅读。

挺身而出

如果你知道有人被欺负，你可以帮忙阻止。如果你看到欺凌正在发生，请说出来。

＊"嘿，拉里，别欺负他！他没惹你！"
＊"梅根，别取笑我的朋友。她不应该被这样对待。"
＊"你最好停下来。那是欺凌，你会因此遇到大麻烦的。"

对被欺负的人显示你的关心是很重要的。你可以通过很多方式做到这一点。一个好方法是邀请他／她和你一起出去。或者，如果有人在车站被欺负，你可以陪他／她在那里等待。你可以对他／她说："你不应该遭受这样的对待"或"别担心，有我支持你。"让他／她知道你的关心。

如果你知道欺凌的事情，但没有亲眼看到，你仍然可以做一些事情——成为被欺凌着的朋友。你甚至可以尝试和那些欺凌者谈谈。有时候，如果你在对方情绪不是很激动的时候和他们谈话，他们可能更愿意听你说。

如果情况危急——看起来可能有人会受伤，或者你看到了凶器——马上让一个成年人知道。相信你的直觉。如果看起来危险，那很可能就是很危险。

勇敢对抗欺凌，特别是一开始，你可能会感觉很困难。但事实是，大多数孩子都不喜欢被欺凌，他们希望它停止。但就像你一样，他们也害怕说出来。你可能会发现，如果你一两次站出来对抗欺凌，其他孩子会感激你，并以你为榜样。下次，他们可能就会加入你。这就是你开始改变事物并让其变得更好的方式。

?

你会怎么做？

回到卡罗琳的故事。如果你是卡罗琳，你会试图帮助菲娜感觉更好吗？如果你想帮助她，你会怎么做？通过阅读本章的内容，你可以重写卡罗琳和菲娜的故事，并创造一个结尾。

快速测验

这是你在本书中的最后一个测验。准备好了吗？

你可以成为一个很棒的朋友。

请对上面这句话给出你的判断，对还是错。

答案？当然是对的。即使你之前犯过错误，伤害了别人，或者即使你非常非常害羞，害怕与人见面，你还是有很多闪光点！你值得拥有朋友，而且你自己就能创造出成为朋友、保持友谊的工具。秘诀是要体贴、友善——有时候还要勇敢——并寻找帮助他人的方式。本书已经提供了许多帮助你在需要实践时使用的社交知识。

最后，要记得享受友谊带来的乐趣！

True or False?